U0061851

東華歷史散步

東華歷史散步

策　　劃：東華三院檔案及歷史文化辦公室

作　　者：盧淑櫻

責任編輯：黃振威

封面設計：張　毅

出　　版：商務印書館 (香港) 有限公司

　　　　　香港筲箕灣耀興道 3 號東滙廣場 8 樓

　　　　　http://www.commercialpress.com.hk

發　　行：香港聯合書刊物流有限公司

　　　　　香港新界大埔汀麗路 36 號中華商務印刷大廈 3 字樓

印　　刷：美雅印刷製本有限公司

　　　　　九龍觀塘榮業街 6 號海濱工業大廈 4 樓 A 室

版　　次：2019 年 4 月第 1 版第 1 次印刷

　　　　　© 2019 商務印書館 (香港) 有限公司

　　　　　ISBN 978 962 07 5808 9

　　　　　Printed in Hong Kong

目錄

東華歷史散步

序

　　10 年前曾跟三數志同道合的朋友一起撰寫了一本《香港歷史散步》，提出通過散步，走訪香港中上環的一些歷史建築，既可舒筋活絡，又可認識歷史，一舉兩得。令人欣慰的是，這些年來，漫步於中上環大街小巷訪尋香港歷史的人越來越多，這其中，既有老師帶着學生的、有家長帶着子女的、有志願團體為公眾人士舉辦的導賞團，更有歷史愛好者聯羣結隊於假日往香港各處尋幽探勝。歷史散步已蔚然成風。近年港人保育意識加強，想來與此不無關係。

　　多年來，我們一直有意撰寫《香港歷史散步》的續編，連大致內容都已初步擬好，可惜撰稿人各有各的忙碌，此事也就一直耽擱下來，誠為憾事。幸而，一班熱心的設計師在六年前出版了一本《香港城區設計散步》，為散步提供了另一視角。如今，這本《東華歷史散步》也付梓了，散步的地點、訪尋的歷史內容也就越來越豐富。

　　東華三院服務香港市民大眾快 150 年了，她歷史悠久，規模宏大，屬下包括醫院、學校、各種社服機構及廟宇遍佈港九新界，為本地各慈善團體之冠，要逐一訪尋，

談何容易。本書作者特別選擇了位於中西區、灣仔及油尖旺最有歷史價值的東華建築，或與其有關連的機構，就其背景、緣起、發展、特點等來龍去脈娓娓道來。說是東華三院的歷史，實際是中上環、灣仔及油尖旺這些較早發展起來的地區的華人社羣的歷史，充份反映了戰前香港政府在尚未為廣大市民提供各種服務前，華人社會自助自理的情況。讀者一書在手，按照既定路線漫步於上述地區，既可增加對東華以至本地歷史的認識，更會對東華服務港人的崇高精神有更深刻的體會和感悟。作者盧淑櫻博士是我在中文大學多年的合作夥伴，年前出版的《非我族裔：戰前香港的外籍族羣》正是我和盧博士合著的。她擅於資料搜集、分析力強，而且文筆流暢，由她撰寫《東華歷史散步》，實在深慶得人。

對於喜愛香港歷史的人、對於愛香港的人，誠摯向您推薦這本《東華歷史散步》！

丁新豹

引言

常言道「讀萬卷書不如行萬里路」。在互聯網極為普及的廿一世紀，加上虛擬實景技術成熟，莫說讀萬卷書，只要有電腦或手機，就算足不出戶，也可飽覽各地風光，不用汗流浹背行萬里路。然而，置身現場的經歷與體驗，以及與當地人的互動，比隔着屏幕看到的更多、更真實、更透徹。所以，本書反其道而行，秉承已出版的散步系列精神，透過邊走邊看的形式，細味東華三院的過去及其與香港歷史發展的關係。

東華三院轄下的醫院包括東華醫院、廣華醫院、東華東院、東華三院黃大仙醫院以及東華二院馮堯敬醫院。十九世紀的本地華人抗拒西醫西藥，即使病危垂死，也不願到西營盤的國家醫院求診。有見及此，在政府的支持及一班華人領袖及華商的要求下，東華醫院於 1872 年落成啟用。1911 年辛亥革命前夕，坐落九龍半島的廣華醫院正式啟用。1929 年，位於銅鑼灣掃桿埔的東華東院亦投入服務。為加強管理及調配資源，1931 年把三間醫院整合起來，統稱「東華三院」。東華三院不僅贈醫施藥，也提供多項社會福利服務，如義學、義莊、義塚、賑災、救急扶危等等。而且服務範圍不限於香港，更擴展至內地，且與東南亞以至全

球各地的華人慈善團體合作。

有關東華三院的學術著作成果不絕。除了探討東華本身的歷史發展，亦有以東華作為切入點，剖析早期香港華人精英的組成、原籍安葬的環球網絡、慈善事業演變、醫療制度發展，以及香港與海內外連繫等等。這本小書則以輕鬆手法，引領讀者置身歷史現場，感受東華三院與香港同步成長的歷史。本書以東華為主線，但所介紹的景點並非全部是東華的，例如文咸西街的南北行公所和華陀醫院便是跟東華有關，但並非隸屬於東華的組織。

本書按現時香港特區政府的區域行政劃分方法，選取中西區、油尖旺和灣仔三區，介紹東華三院的歷史、工作與發展。選擇這三區，是因為東華的三間醫院分別坐落於此，而醫院的成立與該區的歷史發展又有密切的關係。部分景點如東華醫院、廣福義祠（百姓廟）、文咸西街（南北行街）等等，已在其他香港史及歷史建築的著作如《香港歷史散步》、《香港城區設計散步》中介紹過，因此本書會糅合上述著作的特點，並突顯東華在這三個社區的元素。

現在就讓我們「帶着書仔遊社區」，尋找東華三院在香港的歷史足跡。

中西區 ···················

　　今日的中西區是政府的心臟地帶、金融和商業中心，也是名校區。回溯至十九世紀中葉，這一帶是香港開埠後最早發展的地方。1841年，英軍在水坑口登陸，看上了港島北部港闊水深的維多利亞港，以及連綿的海岸線。所以在接管香港島後，便在附近一帶（即今日的荷李活道）建兵營、警署、法院、監獄。飄泊到港尋找機會的華人，漸漸在附近聚居，形成了上市場（鴨巴甸街以西、荷李活道以北）、中市場（皇后大道中、中環街市一帶）和下市場（蘇杭街一帶）。開埠之初，殖民政府沒有實行華洋分隔政策，所以中環威靈頓街及上環海旁一帶的物業，多為華人所擁有。其後有歐洲人投訴住處與華人社區太接近，於是在1844年，政府以下市場一帶藏污納垢，滿佈煙窟、賭館、妓寨為由，下令把該區的華人遷走。政府亦有意把中環規劃成政府用地以及商業區，而金鐘則列作軍營。1851年12月28日晚，上環下市場發生大火，燒毀了共450間房屋，政府遂乘機整頓中環，把華人向西遷移到太平山街一帶的山崗，形成了太平山區，亦即本章故事開始的地方。

　　中西區的東華之旅將以太平山區為起點。我們由此遊歷香港首個政府規劃的華人區域，探究華人精英如何在此孕育、整合與崛起，為本港華人爭取福利，最終成就東華醫院的誕生。

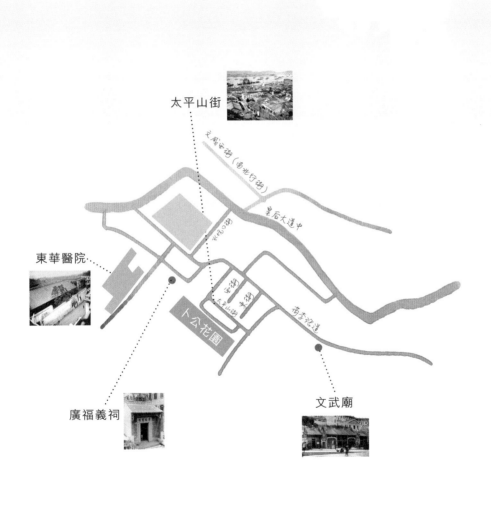

太平山街

東華醫院

廣福義祠

文武廟

文咸東街(南北行街)

皇后大道中

東華醫院街

差館街

普仁街

太平山街

磅巷

荷李活道

卜公花園

太平山街

　　相信老一輩香港人都聽聞過「洗太平地」。2003 年「沙士」期間,這個名詞又再次出現。所謂「洗太平地」,本來是指清潔屋內的傢俬。衞生當局定期會在公眾地方放置一大缸消毒藥水,讓市民把家中的大件傢俬、牀板浸洗清潔,進而引伸至清潔公眾地方。「洗太平地」既與疫症有關,同時跟這一節介紹的地方——太平山區——有直接關係。

華人住區

　　開埠之初,從九龍半島及周邊地區來港島謀生的華人,在今天的中、上環安頓下來,漸漸形成了上、中、下三個市場。政府本來沒有打算把洋人與華人分隔,故此在 1841 年賣地時,曾把中環的土地售予華人。例如,為答謝盧亞貴在鴉片戰爭期間為英軍補給糧水,他獲准購入下市場臨海土地。及至 1843 年,港督砵甸乍(Sir Henry Pottinger,1789-1856,任期:1843-1844)因不滿歐

洲人的居住區域被華人住屋分隔，而且華人鄰居對歐洲人造成滋擾，加上政府打算發展中環，於是下令上市場只准許歐洲人及受尊重的華人居住，其他華人必須在 1844 年 9 月前遷出。政府在搬遷居民時，考慮到中環及其以東的地方留作政府和軍事用途，於是把華人向西遷移到下市場後一帶山坡，太平山區是以逐漸形成。

　　太平山區位於下市場背後的山崗，泛指摩羅下街對上一帶，包括現今的荷李活道、東街、西街直至太平山街，即當時蘇杭街（原名乍畏街）下市場背後的山崗。開埠初期，太平山區已有華人聚居，但治安較差，經常發生罪案。

　　雖然政府把太平山區列作華人住宅區，但仍有非華裔人士在這兒居住。1844 年 12 月，政府公開發售太平山內陸地段 202 至 214 號時，訂明只准許華人競投，但翻查土地紀錄，該區有印度人的住宅，估計是退役的士兵，亦有政府翻譯員高和爾（Daniel Richard Caldwell，1816-1875）開設的妓院。1859 年，太平山區的居民以華人為主，當地華人數目有 11,599 人，當中包括男性 6,079 人、女性 3,267 人，以及 2,253 名兒童。到 1861 年，當地人

口已上升至 1.8 萬人。

　　自從華人被迫遷到太平山區，逐漸形成社區，各種華人組織亦相繼出現。1847 年，一羣華人領袖在荷李活道興建文武廟，為華人排難解紛。及至 1856 年，廣福義祠在太平山區落成，原為放置華人牌位的地方（文武廟及廣福義祠的歷史將於本章後段詳述）。這些廟宇的成立，說明了兩點。其一，開埠初期，政府鮮有照顧本地華人，所以華人精英才會自發設立各種組織，為本地華人爭取或提供福利。其二，及至 1850、1860 年代，太平山區已發展成頗具規模的華人社區。正因為太平山區有相當數目的華人，讓地方領袖可在此冒起。

烏煙瘴氣

　　眾多華人聚居令太平山區的衛生問題逐漸浮現。十九世紀末，政府對華人住屋缺乏規劃和管理，遂使太平山區居住環境十分擠逼，衛生環境惡劣。1891 年，太平山區的人口超過 3 萬人，唐樓的數目接近 400 幢。所謂「唐樓」，是指由華人在城市建造的樓房。自從政府另闢太平山區作華人住宅區，華人紛紛在這一帶買地建屋，一幢一幢的唐樓就開始在太平山區出現。學者李浩然和 Lynne DiStefano 指出，從建造物料和技術，本港的唐樓可分為四代，1898 年太平山區的建築屬於第一代的唐樓。當時的唐樓由青磚、木材建成，樓高二至三層，特色是「下舖上居」，即地下作為店舖，而樓上就是住宅。建築簡單樸實，不講求美學，純粹以實用為主，反映了當年香港華人社會的經濟狀況。

　　1882 年，工程師 Osbert Chadwick（1844-1913）提交的報告，揭示了當時太平山區以至其他中、上環唐樓的情況。這些唐樓以「背對背」的方式建造，既可盡用每寸空間，建築物亦可互相借力。這些唐樓的設計都是又長又窄，窗戶細小，空氣不流通，日

太平山區唐樓平面圖（左）及剖面構圖（右）。

光難以照射屋內，造成室內又黑又焗的情況。每個樓層最後的部分是廚房，煮食產生的油煙只能從屋頂的小煙囪溜出屋外。再者室內沒有廁所，居民要到就近的公廁方便，又或在屋內放置馬桶，然後每晚等待夜香工人傾倒清潔。

殖民地醫官曾多次批評唐樓的衞生情況。當時唐樓的密度過高，兩層高的樓房，每層大約 500 至 600 平方呎，卻居住了 50、60 人，人均面積只有 10 平方呎。上層的樓房又被劃分成多個沒有窗戶的房間，空氣極不流通，容易滋生及傳播病菌。房屋以背靠背方式建造，而且是並排而立，一旦遇上火災便會迅速波及其他樓房，一發不可收拾。房屋又欠缺排水系統。最為人所詬病的是人畜共處。雖然在城市生活，但不少華人仍保留農村的生活方式，在室內飼養禽畜。當時的住屋可養豬約 10 頭，估計第三街和安里一帶就有 100 頭豬，發出令人噁心的臭味，以烏煙瘴氣來形容當時太平山區華人的居住環境亦不為過。

其時當局對西式房屋的人均空間、屋前地面積、窗

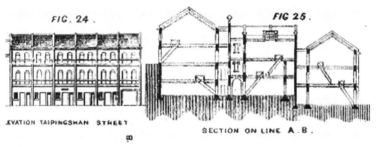

資料來源：Osbert Chadwick, *Report on the Sanitary Condition of Hong Kong* (London: Colonial Office, 1882), Sheet 5.

戶、廁所和廚房規格有一定的標準，但華人領袖如潔淨局議員何啟（1859-1914），反對把這些歐式標準強加於華人住屋，因為華人着重溫飽更甚於居住條件，政府於是妥協，新規例只適用於新建成的樓房。

居住環境擠逼，加上衞生條件差，故 1894 年鼠疫在太平山區爆發。政府頒佈《太平山土地收回條例》（*The Tai Ping Shan Resumption Ordinance*），下令封閉及收回太平山街土地。整個太平山區東起樓梯街，西至普仁街，南及四方街，北到街市街，除了東華醫院和建於內陸地段 592 和 593 的 28 座房屋，其餘均被清拆。政府之後把太平山劃分成 10 個小區進行重建，而中間一大片地方則闢作卜公花園。

鼠疫過後，政府立法規管唐樓設計。《1903 年公共衞生及建築物條例》（*Public Health and Buildings Ordinance, 1903*）列明，唐樓必須留有 6 呎（約 2 米）闊的後巷，不可「背對背」而建，以保持建築物間的距離。建築物的高度不可高於面向街道的闊度，樓宇的深度也不可超過 12 米，方便日光照射入屋。在室內

十九世紀末太平山區一瞥（高添強先生提供）。

Birds-

View of Chinatown

空間設計方面，每人活動空間至少要有 4.65 平方米，每個房間必須有窗戶，以達至天然採光和空氣流通的要求。1935 年的《建築物條例》（*Building Ordinance 1935*）進一步收緊唐樓的深度限制，由原來的 12 米降至 11 米，加強室內採光，又規定每層樓和樓梯都必須通風和透光。

　　現在我們已無法在太平山街找到十九世紀的唐樓，因為在 1894 年鼠疫期間，這一帶的樓房已被夷為平地。其他地方的唐樓也早已拆卸重建成新式的商業大廈，只剩下中環威靈頓街 120 號以及建於 1884 年的「永和號」。

文武廟座落於中環荷李活道，建於 1847 年。上一節提到，政府在 1844 年，把華人遷出上市場，安置到下市場背後的山崗，形成了太平山區。正因為該區人口日漸增加，坊眾集腋成裘修建廟宇，而文武廟就是在這背景下興建的。

第一代華人精英

在華人社會，廟宇不單純是宗教祭祀的場所，同時具備議事、仲裁、慈善、公共空間等功能。有別於鄉村宗族社會以祠堂為中心，城市不同背景的民眾則通過廟宇凝聚一起，而參與建造廟宇及管理的值理，往往是當地的社會精英。根據施其樂牧師（Rev. Carl T. Smith）的研究，文武廟值理有建造商、鴉片商、地產商、豬仔館商人、南北行商人，當中包括開埠初年本港最富有的華人兼大地主盧亞貴和譚才。

盧亞貴又名盧景、斯文景，本身是水上人，曾與海盜勾結，活躍於珠江口水域。晚清的《籌辦夷務始末》提到，清廷曾經向盧亞貴招安，並賜予六品官銜。盧氏雖然接受招安，並且落戶廣州，但

在第一次鴉片戰爭期間卻轉投英國，為英軍補給糧水，遂被清廷視為「奸民」。鴉片戰爭後盧亞貴匿居香港，英國人為投桃報李，把下市場海旁大幅土地送贈給他。盧亞貴又自行購入多個濱海地段，成為擁有逾百間房屋及商舖的大地主。除了依靠收租維生，他更在下市場開設妓院、賭館和戲院，又投得買賣鴉片的專營權。因此，盧亞貴可謂香港開埠初期最富有的華人。惟好景不常，1851 年 12 月 28 日，蘇杭街發生大火，盧亞貴在下市場的物業付之一炬，陷於財困。加上他在地產投機活動中損失慘重，最終在 1855 年宣佈破產。

無獨有偶，祖籍開平的譚才（又名譚亞才、譚三才、譚錫珍）也是水上人。他原本在新加坡英國海軍船塢擔任管工，1841 年香港開埠便到來承包建築工程，包括建造鐵行輪船公司（Peninsular and Oriental Steam Navigation Company，簡稱 P&O）總部。譚才把建築項目的收益，投資地產及航運業。他向政府買入下市場最東面的地段，

又在 1852 年下市場大火後參與重建工作。其時香港已成為華工出洋的重要港口，譚才於是在所屬的臨海地段營建碼頭，租賃予來往香港、廣州及澳門的輪船公司。除了文武廟，譚才亦參與籌建廣福義祠與筲箕灣天后廟。這位被譽為「殖民地最可信賴的中國人」，於 1871 年去世。

　　有別於傳統的社會精英，盧亞貴和譚才既非士紳、紳商，而且出身卑微，本來無法躋身社會上層。有指他們捐錢建文武廟是發財立品，但我們更應注意的是，為何當時的社會環境能讓這些原本屬於社會最底層的人士扶搖直上？盧、譚二人均透過協助英國人而獲得利益，繼而躋身社會上層。這反映了開埠初期香港社會的混雜性，英國的殖民管治，破壞了傳統中國的四民社會結構，讓市井之徒有上流的機會。這些「暴發戶」走進社會上層，也希望獲公眾認同，透過捐助和籌建廟宇、義學，履行傳統士紳的責任，形成所謂「發財立品」的現象。

廟內佈局

　　現今所見的文武廟由三組建築組合而成,分別是文
武廟、列聖宮和公所。佔地最廣的文武廟,始建於 1847
年,在 1850 年和 1894 年重修,屬於兩進三開間式建築,
廟的正門外有兩座由花崗石造成的鼓台。第一進的檔中是
一對紅漆的屏門,上方懸掛了由清光緒皇帝在 1879 年御
賜的牌匾「神威普佑」。事緣 1876 至 1878 年間(清光緒二
至四年),華北發生嚴重旱災,延禍山西、河北、陝西、
河南、山東各省,逾 1,000 萬人餓死,災民 2,000 萬,本
港及東南亞共籌得 16 萬元善款賑濟災民,由於東華醫院
積極參與籌款活動,於是光緒皇帝賜牌匾表揚。牌匾原本
懸掛在東華醫院禮堂,1983 年醫院重修牌匾時,改掛文
武廟。2010 年東華醫院慶祝 140 週年,於香港歷史博物
館舉辦「香江有情:東華三院與華人社會」展覽,牌匾卸
下展出,之後放回原位。及後為保護文物,該牌匾在 2017
年 11 月卸下,移送東華三院文物館修復及保存。至於牌

區原來的位置，則換上了一塊實物原大的複製品。

　　廟內供奉了文昌帝君（文帝）和關聖帝君（武帝）。1884 年的重修碑記提到，由於香港臨近海邊，時有怪風怪雨，幸得文武二帝保祐平安。文帝同時是保佑學業、功名之神靈，所以今時今日，每逢開學和考試季節，都會吸引大批家長帶同子女參拜，祈求學業進步，金榜題名。而武帝便是三國時代的關羽，自明朝起被敕封為「關聖帝君」。信眾敬仰關羽忠義勇武，不過亦有指關羽是「武財神」。

　　左側的列聖宮，供奉了諸位神祇，包括觀音、包公、城隍、天后、龍母。香港開埠之後第一間興建的廟宇是城隍廟，位於今日的城隍街，在 1843 年興建，街道因廟而得名。其後城隍廟被拆，而文武廟內亦供奉了城隍。列聖宮原為三進兩院式建築，其後兩個天井加建鋼架屋面。

　　最左邊的公所，屬一進式建築，乃坊眾議事、仲裁的地方。門框以花崗石建造，上面刻有「公所」兩字及建造年份（同治元年，即 1862 年），門外對聯寫上「公爾忘私入斯門貴無偏祖；所欲與

聚到此地切莫胡塗」，充分反映當時公所用作排難解紛。

讀者或有疑問：既然荷李活道有警署和法院，為何還要在文武廟旁設公所？所謂「生不入官門，死不入地獄」，中國人就是懼怕上官衙，更何況是洋人的警署。加上開埠初期，本地華人還未適應英國的司法制度，而最近的清政府官衙又遠在南投，於是祠堂和廟宇便充當仲裁的場所。文武廟也不例外。廟的值理由坊眾推舉，具一定的公信力。而按當時香港的法律，在文武廟內「燒黃紙、斬雞頭」的起誓儀式，獲法庭認可。文武廟值理又會接待路過的清政府官員，成為了居港華人與清政府之間的非官方媒介。故此，最早研究香港史的西方歷史學家歐德理 (E. J. Eitel，1838-1908) 認為，文武廟實質已充當半官方的地方議會，控制華人事務。時至今日，公所已改為紀念品商店。至於在公所後面的善德宮，在 1994 年改建為牌位庫，讓善信認捐供奉先人靈位。雖然善德宮與公所相連，但並非文武廟原有建築，不被納入古蹟範圍內。

現懸掛在文武廟中的「神威普佑」牌匾（複製品）（東華三院提供）。

中西區・文武廟

　　文武廟的右側原本有義學一所。1848 年，政府批出文武廟旁的土地，即內陸地段（Inland Lot）338A 興建學校，取名為「中華書院」。該校原本是私塾，即俗稱的「卜卜齋」。迄至 1880 年，當時的東華倡建主席梁雲漢與時任東華主席招雨田等文武廟值理，建議籌辦免費學校，並獲五環醮務值理贊同讓出廟旁的中華書院給東華設立義學。從舊照片（頁 26）可清楚看見位於文武廟右側的建築，門上仍掛有「書院」的牌匾，印證義學的前身就是中華書院。東華義學在 1940 年時已發展至 12 所（即男校 8 所及女校 4 所）。香港淪陷期間義學全面停課，及至 1946 年始行復課。1959 年，於原中華書院位置所建的新校舍落成啟用，稱為東華三院香港第一小學，後再易名為東華三院李西疇紀念小學。行政長官於 2011/2012 年施政報告中提出政府會積極協助非政府機構滿足在職青年對居住空間的渴求。東華響應政府呼籲，研究將東華三院李西疇紀念小學重建為一座青年宿舍。2018 年年底，城市規劃委員會原則上不反對在上址興建青年宿舍，批准該計劃的申請。

《文武廟條例》

文武廟收入除資助義學外，亦用於興建和營運義莊。1875年，文武廟在西環牛房附近興建義莊，寄厝先僑棺骨，等候日後運送回鄉安葬。義莊其後交由東華醫院管理。而東華醫院在1899年向政府申請在大口環1572地段興建義莊，即今日的東華義莊。故此文武廟的牛房義莊，可說是東華義莊的前身。

為應付廟宇的日常運作、周期性祭典，以及義學、義莊的開支，歷年來文武廟的值理購入多個物業作收租之用。這些物業包括臨海地段（Marine Lot）140號、內陸地段338、338A、831A一部分、382的餘段、395、396、385A以及854號。1906年，政府以文武廟值理大多數已去世，廟嘗遲早無人管理，使業權出現各種法律問題為由，指示東華醫院接管文武廟，處理廟嘗。1908年，政府頒佈《文武廟條例》（*Man Mo Temple Ordinance*），把文武廟的財產移交東華醫院，又制定法例，詳細列明文武廟及其嘗產收入的用途。而根據法例，廟的部分收入須撥歸東華醫院作慈善用途。

秋祭與二帝出巡

　　迎神出巡、潔淨社區，常見於誕醮等儀式，而文武廟的其中一次遊神儀式就是為了慶祝東華醫院開幕。1872年2月14日，東華醫院舉行開幕典禮，該院的總理就從文武廟巡遊到東華醫院，以下是當時《德臣西報》(China Mail)報道的譯文：

> 晨早，值理約七、八十人，齊集荷李活道側公所，各值理皆着官式禮服，其中拖翎者亦有之。八時前舉行巡行，先經本城華人街道。巡遊行列有中樂及會景一切所常用之各式儀仗，當先者為一雙大燈籠，寫上「東華醫院正式開幕」字樣。巡行至公所，隊伍暫停一會，各值理即於此時加入行列。及巡遊返程，當起行時即鳴炮三響，全體人遂向中華書院進發，轉入歌賦街，行經呵行鋪位前，旋入文咸街再轉到上街向醫院前進。

一九五七年文武廟秋祭，主祭者為周竣年（東華三院提供）。

一九七六年秋祭，參與的嘉賓於文武廟門前留影。前排左五為當年的主祭鄧肇堅（東華三院提供）。

東華醫院的倡建總理、協理和值事，部分身穿清朝官服到文武廟參拜，然後恭迎文武二帝的行神出巡，途經華人社區，最後到達普仁街東華醫院的大堂。

1906 年 5 月，文武廟再次舉辦出巡活動，旨在驅除再度肆虐本港的鼠疫。經廟宇值理卜杯後，巡遊定於 1906 年 5 月 28 至 30 日（閏四月初六至初八日）舉行，首日走遍上環、中環，初七日西營盤、石塘咀，初八日到下環、灣仔。是次出巡的規模比之前的更大。

2015 年，東華三院為慶祝 145 週年，於秋祭當日復辦文武二帝出巡儀式。早上十時半，東華三院董事局成員與載有文武二帝神像的鑾輿為首起行，各巡遊隊伍緊隨其後，包括龍獅隊及電音三太子、街舞、太極、武術、道經樂演奏、懷舊流行曲、民族舞、步操樂團及六、七十年代懷舊舞等，新舊交雜，場面浩大。至於出巡路線就以上環文化廣場為起點，沿途經過摩利臣街、皇后大道中、水坑口街和荷李活道，最後抵達文武廟。

巡遊結束後，正午十二時，東華三院隨即在文武廟內舉行秋祭。自 1957 年起，每年秋季，東華三院總理和社區代表均會齊集文武廟舉行秋祭典禮，酬謝神恩，並為香港祈福。每年秋祭的日子均由堪輿學家蔡伯勵 (1922-2018) 擇定吉日。秋祭儀式開始時，先是宣讀祝文，繼而舉行祭禮，包括降神禮、初獻禮、頌祝禮、亞獻禮、三獻禮、望燎禮及辭神禮等。出席的主祭及東華三院董事局成員均依照傳統穿上長袍玄掛行禮，以示莊重。主祭多由德高望重的顧問或主席擔任，其中以李東海（1922-2010）出任主祭的時間最長，由 1986/1987 年度至 2009/10 年度；其次是鄧肇堅（1901-1986），由 1963/1964 年度至 1985/86 年度。

　　2010 年，文武廟建築羣（包括列聖宮和公所）被列為法定古蹟。2014 年，東華三院的秋祭儀式被納入香港非物質文化遺產清單。

廣福義祠

開埠初期，來港的華人多數是單身漢，患病乏人照料，客死異鄉更鮮有親朋戚友處理後事。加上華人不信任西醫，即使患病亦不會到國家醫院求診。當時欠缺中醫診所，於是坊眾與紳商賢達籌建廣福義祠，讓貧病無依者安放牌位。廣福義祠亦是促成東華醫院成立的直接原因。

「百姓廟」

1843 年，中、英雙方換約，確認《南京條約》，香港從此成為英國的殖民地。於是，英國人開始在這小島大興土木。很多打石工人從廣東遠道而來，不論開採石礦、打石，以至建築行業，均屬危險工作，工人時有死傷。另外，本港夏季酷熱潮濕，容易令人生病。1841 年至 1842年間，本港夏季的流行性熱病特別嚴重。1843 年的情況更差，駐港歐籍軍人死亡率高達百分之二十二。然而，開埠之初，本港中、西醫療皆欠奉，一旦延誤治療，輕則大病一場，重則返魂乏術。有見及此，譚才連同 14 位華人

商賈，在 1851 年籌建義祠，於 1856 年落成，供奉無主孤魂。由於祠內的神主牌來自五湖四海，有如百家祠堂，所以義祠有「百姓廟」的稱號。

東華醫院的由來

廣福義祠不僅收容客死異鄉的先友，同時引來一批難民暫居，更有垂死病人在此「等死」。1850 年代後期，太平天國在華南地區起事，大量廣東難民逃避戰亂來港。由於廣福義祠會向難民及無家可歸者施食，逐漸引來一批又一批貧苦大眾棲身義祠，當中更有病重和垂危的病人。1869 年 4 月 26 日，政府署理總登記官李思達（Alfred Lister）在義祠內調查一位過境華工死亡一事，驚見義祠內惡劣的衛生情況，形容義祠地方狹窄，卻擠滿了約 10 名病人，既不提供醫藥，病人亦只能躺在細小的木板上。奄奄一息的病人與屍體共處一室，地上滿佈排泄物。更有西報記者以「人間地獄」形容義祠。

義祠的惡劣環境最終驚動政府介入，促成了東華醫院的成立。

自從西報報道義祠的情況，政府大為震驚，港督麥當奴（Sir Richard Graves MacDonnell，1814-1881，任期：1866-1872）遂於 1869 年下令收回義祠管理權，並勒令把病人送往國家醫院救治，又成立調查小組查明事件。調查報告指，問題的癥結在於本地華人不信任西醫，而本港當時又沒有中醫院。經華商領袖多番游說，港督於 1870 年頒佈《華人醫院則例》（*Chinese Hospital Incorporation Ordinance*），東華醫院遂告成立。政府撥出現時普仁街一帶地段，以及從賭餉（即賭博牌照收入）中抽取 15,000 元資助興建醫院。梁雲漢等倡建總理四出籌募經費，最後籌得 40,000 多元。

醫院未落成之前，廣福義祠暫闢出地方贈醫施藥。2017 年復修義祠期間，工作人員在第一、二進之間左方檐廊的牆身，發現 1869 年的〈重修廣福慈航碑誌〉。這塊石碑詳細列出東華醫院成立之前所提供的服務：「改建病房義庄，分設醫局殯所，延良醫贈藥食，施棺木，立墳墓。」

碑文又提到，在醫院未建成之前，東華總理「就地取才」，在廣福義祠先行試辦，直至醫院竣工。石碑記錄了由 1869 年 4 月至 12 月試辦期間的開支，但因年代久遠，石碑經風化侵蝕，部分文字已模糊不清，以下是可辨認出的醫院開支：

> 一支修飾房舍并較水喉等，共銀壹佰九拾四両四錢八分；
>
> 一支施棺木并石碑抬工等，共銀五拾〇両弍錢〇〇；
>
> 一支置買枱椅木器竹器磁器等，共銀壹佰四拾壹両壹錢九分；
>
> 一支醫生脩金并各工人辛俸，共銀四百五拾四両壹錢〇分八厘；
>
> 一支口（疑作「便」）院病人藥料藥丸藥茶等，共銀弍佰弍拾四両壹錢九分壹厘；
>
> 一支院內福食并病人福食，共銀弍佰柒拾両〇四錢弍分；
>
> 通共支出銀壹仟四佰五拾弍両八錢五分壹厘。

此碑證明東華醫院在未落成啟用前，曾在廣福義祠「試業」，並印證義祠在義祠事件後經已由東華接管，直到 1872 年醫院開幕，義祠才停止贈醫施藥，而其收入亦撥作醫院的經費。

義祠與保良局

廣福義祠不僅成就了東華醫院的成立，跟保良局也有淵源。十九世紀中後期，香港成為南中國販賣人口的重地，不僅有俗稱「豬仔」的男性華工出洋，也有女性被拐賣到外地當「妹仔」（即婢女）、「豬花」（即嫁作「豬仔」為妻，甚或當娼為他們提供性服務）和妓女，而且情況愈來愈嚴重。有見及此，1878 年 4 名本港華人商賈，包括盧賡揚（禮屏）、馮普熙（明珊）、施笙階和謝達盛，聯名向港督軒尼詩（John Pope Hennessy，1834-1891，任期：1877-1882）呈請成立「保良公局」（即後來的「保良局」），阻止不法之徒誘騙拐帶婦孺及設法拯救她們，同時為這些

婦孺提供棲身之所，待日後送回原籍或安排婚嫁，小孩則代為撫養成人。倡建者當中，盧賡揚和馮普熙曾任東華醫院總理。設立保良公局的建議在 1880 年 5 月獲政府批准，成立之初，由於欠缺地方辦公，遂向東華醫院商借「平安」及「福壽」兩樓的上層作辦公室及婦孺收容所。其後收容所有人滿之患，保良局於是聯同東華醫院向政府申請借用廣福義祠地段，興建局址，並於 1894 年開始興建。1932 年，保良局遷往銅鑼灣禮頓道現址，廣福義祠地段則歸還東華醫院。今日在義祠正門仍可見到當年所立的石碑：

> 本廟地段乃因眾議偕建保良公局以為辦善之用今移在
> 廟加建後蒙輔政使司並華民政務司司駱大人親臨立
> 石以垂永久敬泐數語用誌弗諼甲午年東華醫院當年
> 總理盧文瑞等刻

建築特色

　　1894 年鼠疫期間，政府夷平太平山區樓房以杜絕疫症，位於太平山街的廣福義祠也不能倖免。重建後的義祠在 1895 年開幕，

門口的對聯略述了這段拆遷的歷史：

> 新廟慶初成福澤長留允合華英同作頌
>
> 舊基雖已棄典型尚在好偕俎豆共輸誠

　　義祠屬三進式建築。第一進的門額刻上「廣福慈航」。在第一、二進之間的屏門，是 1895 年重建時的古物，已有百多年歷史，門上刻有對聯說明義祠的功能：

> 菩薩眉低也任人裹安落魄
>
> 檀那力廣權將佛地妥遊魂

現時義祠正面牆身左右兩邊，分別鑲嵌了兩塊重修碑記。第二進是神廳，正殿供奉了地藏菩薩，超渡亡魂。1991 年灣仔的濟公廟拆卸，濟公像輾轉遷入義祠，放在地藏菩薩像下方。第三進擺放了過千位先人的牌位，所以義祠又名「百姓廟」，取其作為百家祠堂之意。百姓祠不僅供奉五湖四海的先友，還有寵物，有主人更為其在吉時吉日離世的白貓設置靈位。

　　2010 年，廣福義祠被列為二級歷史建築。2017 年 4 月東華三院再次重修義祠，更換屋頂木樑、清潔神像、翻

復修前後的廣福義祠外牆。復修後的義祠屋頂的遮蓋物經已移除，回復舊貌。（筆者攝）

新神樓、修補脊飾，以及拆去廟前的上蓋建築物，第二進天井位置以半透明物料覆蓋，既可防水，又可透光，第三進內的牌位就更換了木框架。義祠於 2018 年 2 月初重新開光。

東華醫院

　　從太平山區的形成、文武廟和廣福義祠的建立，到 1872 年
東華醫院落成啟用，見證了早期香港華人社會的成長過程，以及
十九世紀港英政府管治華人的手法。上幾節提到自從香港首任總
督砵甸乍在 1844 年把上市場的華人向西遷移，逐漸形成太平山
區。由於華洋分治，政府甚少干涉華人事務。再加上開埠初期，
本地華人大部分都是由內地來港謀生的單身漢，多屬社會的低下
層；在沒有政府理會和慈善團體幫助下，他們的生養死葬只能自
求多福。漸漸一羣華人殷商組織起來，通過廟宇聚眾集資，提供
醫療、殯葬等服務，且擔當仲裁的角色。到 1869 年，廣福義祠的
衞生問題被大肆報道，迫使政府正視華人問題，促成東華醫院創
立。東華醫院的成立，確立了華人領袖在早期香港社會的地位。

生順死安

　　由於廣福義祠衞生環境惡劣，港督麥當奴委任總醫官、署理總
登記官以及死因裁判官成立委員會調查，報告指出由於華人不信
任西醫，才會到廣福義祠。假如成立華人醫院讓華人求診留醫，

便不會再出現垂危者擠滿廣福義祠的情況。雖然如此，港督仍決定關閉義祠。一羣華人買辦及南北行商人逐向政府陳情，重申解散廣福義祠未能完全解決問題；反之，為貧苦大眾提供免費中醫藥服務，誘導他們到醫院求診，才是真正解決問題的辦法。港督遂委任梁雲漢等 13 人為倡建醫院值事（總理），設立董事局，籌建醫院。

1870 年，政府頒佈《華人醫院則例》，詳細列明東華醫院的宗旨是向貧病者贈醫施藥。及後東華醫院拓展其他慈善服務，包括收容無依或貧病的老弱婦孺、救災扶危、施棺代葬、興辦義學等等。條例又訂明，倡建總理任期兩年，由港督委任，兩年後由 6 至 12 名值事（後稱總理）組成董事局，每屆任期一年，期滿後可再推選入局。推舉總理時，由其時在港的局中同人（捐銀 10 元可成為該局同人）投票，每人一票，票多者當選。

政府雖然放手讓華人自行處理醫療福利，但在成立之初仍給予經濟支持。政府撥出墳墓街（後改名為普仁街）

東華醫院奠基石（筆者攝）。

12 畝官地，又從賭餉（即博彩稅）抽出 15,000 元興建醫院。墳墓街其實是太平山區的斜坡，由於當時政府未有條例規管華人葬區，太平山區的居民就把先人的屍骸葬在附近的山坡，形成墓塚處處，惟不少墓塚卻乏人祭祀、打理，雜草叢生，一些墓塚甚至姓名籍貫也看不清楚。倡建總理把這批先友移葬西環牛房義山，然後平整地段建院。醫院開幕時，創院總理所送贈的對聯亦記載了這段歷史：

憶此地古塚荒邱今忽烟滿丹爐不知幾載經營始覺稍償吾輩願

幸斯時窮黎病赤已屬春回香海惟冀他年繼紹常懷普濟眾生心

這副對聯現時懸掛在東華醫院禮堂內。

　　醫院取名「東華」的由來已不可考，流傳至今有兩個說法。其一是來自王韜（1828-1897）的〈創建東華醫院序〉，當中記載「東」是指「生氣之所發」，「華」即「萬物之極盛」；醫院取名「東華」，有發揚光大的意思。其二，有指「東華」即「廣東華人」，意思是「廣東華人醫院」，切合其為本港華人服務的初衷。事實上，十九世紀中後期香港絕大多數的華人都來自廣東省。

總理背景

前文提及東華的總理乃當時的華人殷商，到底他們從事甚麼行業？以下是倡建總理（上）和落成後首屆醫院總理（下）的名單。倡建總理當中，有 5 位買辦、7 名商人，以及 1 位學者。1872 年東華醫院開幕，按《華人醫院則例》，總理只需要 12 人。

綜觀建院前後兩屆總理名單，不難發現他們主要是洋行買辦或南北行商人。由此引申開埠三十年來，本港主要經濟活動為中西轉口貿易。

東華醫院在 1870 年 4 月 9 日奠基，1872 年 2 月 14 日開幕，港督麥當奴均出席了上述兩次典禮。時至今日，東華醫院仍保存百多年前奠基儀式之基石。

職位	名字	公司
主席	梁雲漢（鶴巢）	呦行（又名「仁記洋行」）
首總理	李璿（玉衡）	和興金山庄
	陳桂士（瑞南）	瑞記洋行
總理	陳朝忠（定之）	同福棧
	羅振綱（伯常）	上海銀行
	楊寶昭（瓊石）	謙吉疋頭行
	蔡永接（龍之）	太平洋行
	高滿華（楚香）	元發南北行
	黃勝（平甫）	英華書院
	鄧伯庸（鑑之）	廣利源南北行
	何錫（裴然）	建南米行
	陳美揚（錦波）	天和祥
	吳振揚（翼雲）	福隆白米行

職位	名字	公司
主席	莫仕揚（彥臣）	央喝洋行
首總理	黃家猷（澍棠）	鐵行洋行
	陳兆祥（瑞生）	麗源公白行
總理	馮普熙（明珊）	壳洋行
	李萬清（逸樓）	禮興金山行
	凌殿材（可垣）	全貞公白行
	許秉筠（質生）	怡豐南北行
	孔廣漢（倬雲）	萬泰米行
	馮耀祖（衍庭）	高隆泰疋頭行
	余饒敏（富庭）	廣昌降南北行
	區遂（儉卿）	福茂隆南北行
	梁景初（平曉）	正和號

開幕大典

1872 年 2 月 14 日上午 8 時，東華醫院舉行成立典禮。據《德臣西報》和《孖喇報》（*Hong Kong Daily Press*）報道，先有中樂儀仗隊巡行，由醫院出發，沿港島華人聚居街道前行，抵達文武廟後，東華醫院總理加入巡行隊伍，然後回到醫院，在大堂神農氏畫像前行三跪九叩禮，再由主席宣讀祭文，獻上祭品，然後跪拜。典禮完畢後，上演粵劇《八仙賀壽》。從以上簡單的描述，可見成立典禮極具傳統中國禮儀的色彩。醫院大堂供奉了被公認為中醫藥發明者的神農氏，當時的總理相信在醫院供奉神明的傳統習俗，可安定人心，同時也順應華人喜歡求神庇佑的習俗。自此，供奉神農成為東華的傳統。

值得注意是開幕當日諸位總理的衣着。據《德臣西報》的報道，當日「各值理皆着官式禮服，其中拖翎者亦有之。」換言之，不少總理身穿大清官服。雖然當日開幕之照片未有存世，但我們可參考十九世紀末東華總理的照片

（見頁 47），開幕大典總理的裝束也許與這張照片分別不大。東華總理的裝束，在 1878 年引起《孖剌報》記者對他們的忠誠的懷疑：

> Many of the members of the Tung Wah Committee are petty mandarins and wear buttons either obtained by purchase or conferred upon them for services rendered to the Chinese Government. It would be interesting to know what relations exist between the wearers of these decorations and the Chinese Authorities. To whom would their allegiance be given in the event of a war between England and China?

記者質疑，倘若中、英兩國再次開戰，這羣身穿清朝官服的殖民地華人領袖到底會向英國投誠？還是忠於清朝政府？首屆總理在開幕大典的裝束，正好反映了十九世紀後期本港華人精英的特點：他們願意履行傳統士紳的社會責任，為平民百姓提供慈善服務，何況這是討好甚至跟政府討價還價的本錢。這羣華人精英視香港為發財的地方，從他們的衣着打扮、強調籍貫到購買官銜等

行為，充分顯示他們對滿清政府以至中國文化深表認同。

　　東華醫院的成立，見證了本港華人精英階層的成長過程。華人領袖由最初興辦廟宇、義祠結集起來，到後來成立政府認可的東華醫院，不僅規模愈來愈大，也充分反映出跨越地緣、血緣、業緣的關係紐帶。

　　自東華醫院成立後，逐步取代文武廟在華人社會的地位，部分東華醫院的總理同時身兼文武廟的值理。到 1908 年，因為文武廟嘗產的管理問題，政府遂立法讓東華醫院接管文武廟。於是自二十世紀起，東華醫院不僅是香港最大規模的慈善團體，更是代表華人向政府申訴的意見領袖。

政府與西醫的介入

　　1894 年，本港爆發鼠疫，而太平山區是首宗鼠疫個案發現的地方，亦是該次疫症的重災區。東華醫院加入抵抗疫症，但因為成效不彰，結果引來政府質疑中醫的療效及

醫院的存在價值。俗稱「黑死病」的鼠疫，曾經在中世紀的歐洲肆虐，奪去數以萬計人命。到十九世紀末，鼠疫在華南地區爆發。自 1880 年代，鼠疫經陸上和水上運輸傳遍廣西、廣東、福建等地，到 1894 年 5 月，太平山區發現本港首宗鼠疫個案，並且迅速傳播，而大部分患病的死者皆來自太平山區。為防止疫症蔓延，政府實施隔離政策，授權執法人員入屋，強行把患者送往醫療船「海之家」（Hygeia）接受隔離，並銷毀患者家中的物品，徹底消毒。為防止疫症進一步擴散，政府亦禁止華人離港。

政府的強硬手段惹來華人極大反感。首先，入屋搜查會驚動深閨的婦孺，不合傳統中國男女之防。同時華人擔心被隔離或帶到醫院，不幸過世必然遭到解剖，違背華人留下全屍的觀念。於是不少華人希望東華醫院可代為與政府交涉，暫緩執行上述措施，惟當時政府態度強硬，絕不讓步，致令不少華人遷怒於東華醫院，更有好事之徒乘機作亂，襲擊東華醫院總理。東華醫院可謂腹背受敵。

但更要害的是，鼠疫令政府質疑東華醫院的存在價值，最終

給予政府介入東華醫院事務的機會。1896 年鼠疫再度爆發，政府關注東華醫院以中醫治療及控制疫病的成效。港督羅便臣（Sir William Robinson，1836-1912，任期：1891-1898）在同年 2 月下令成立調查委員會，探討東華醫院在疫症中的角色，重點是假如中醫無法對抗鼠疫，東華醫院是否還有存在的必要。委員會由 5 人組成，包括輔政司兼華民政務司駱克（Stewart Lockhart，1858-1937）、署理庫務司譚臣（Alexander M. Thompson，1863-1924）、定例局議員遮打爵士（Sir Catchick Paul Chater，1846-1926）、威歇（T. H. Whitehead，1851-1933）和何啟。除何啟外，其餘都是洋人，而且對中醫早有偏見。同年 9 月，調查報告公佈，肯定了東華醫院的贈醫施藥及中醫治療，可鼓勵華人主動到醫院求診，避免病死家中，而且可減輕國家醫院的工作，但就提出三項要求，其中之一是增聘一名華人西醫長駐東華醫院，費用由政府負責。首位駐東華醫院的西醫是鍾本初（1867-

1902，原名 Chung King U，譯音鍾景裕或鍾景儒），他是香港華人西醫書院的教授，1896 年出任東華醫院的掌院。其後東華醫院逐步加入西醫元素，包括增設手術室、西式產房，西醫專用病房等等，有助向本地華人推廣西醫治療，以及改變華人對西醫的印象。從此，東華醫院成為了一所中、西醫兼備的醫院。雖然引入西醫未有對東華醫院的中醫治療傳統構成即時威脅，但卻開啟了政府介入東華管理的先例。

百年醫院佈局

1872 年落成的東華醫院主樓採用傳統中式建築風格，醫院正門刻有「東華醫院」的石額，並懸掛東華旗幟（見頁 57），大堂正中位置供奉了神農氏。

醫院的其餘部分還包括平安樓和福壽樓兩座病房、診症室、廚房、煎藥房、藥局，以及殮房。平安樓和福壽樓同屬樓高兩層的病房，可容納 80 至 100 名病人。兩座大樓均以石料鋪設牆身。1878 年保良公局（後稱保良局）成立，曾借用平安樓、福壽樓的

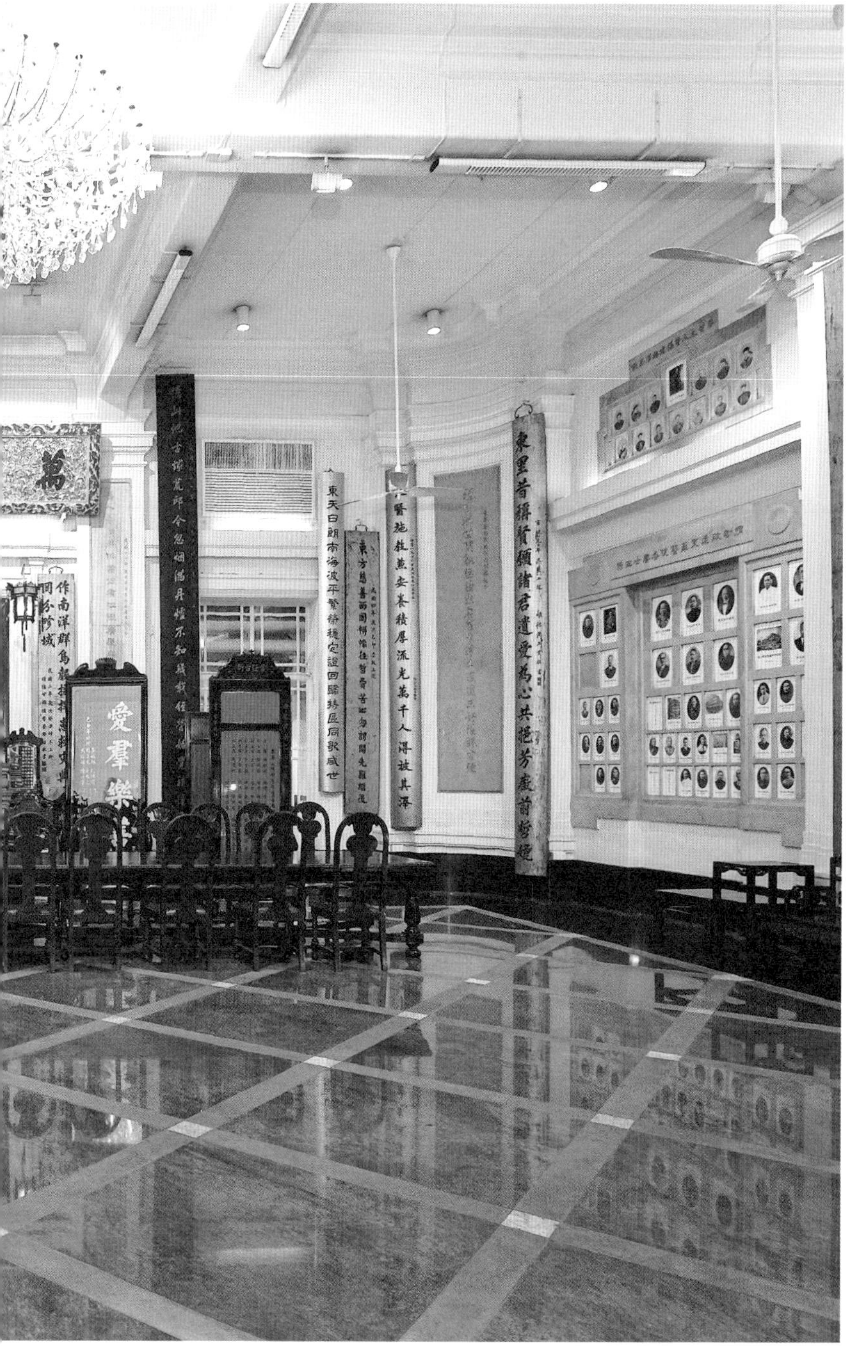

東華醫院禮堂（東華三院提供）。

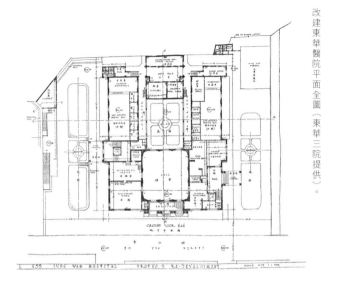

上層作為辦公室及婦孺收容所。及後東華醫院又借出廣福義祠地段予保良局，直至 1932 年禮頓道的局址建成後才遷出。

　　隨着醫院日漸發展，地方不敷應用，東華醫院歷年來不斷加建新大樓及進行重建。1902 年位於普仁街的東華新院落成，至 1934 拆卸改建為民房（見頁 59 下圖），後於1989 年重建成東輝花園。1920 年，為慶祝東華醫院成立五十週年，四層高金禧紀念樓就在大樓的南面落成，1970年拆卸重建為百週年紀念大樓。

　　及至 1930 年代，營運逾半世紀的東華醫院再次不敷應用。當時該院不僅病房擠迫、又舊又黑，女護士的住所也極為狹隘。甚至港督金文泰（Sir Cecil Clementi，1875-1947，任期：1925-1930）在 1929 年 3 月參觀醫院時，也留言「余深望院務將來再行發展，並深信將來各間舊病房，可以重建為最新式之樓宇也。」正值保良局在1932 年搬遷至銅鑼灣禮頓山現址，於是東華醫院在 1930

年代初進行重建工程。得港府准許，面向普仁街和保良新街的舊樓，改建為民房出租。至於醫院大堂則在 1933 年重建，翌年落成，今日所見的禮堂，是 1934 年的格局。1958 年平安樓、福壽樓亦進行重建，成為了兩翼 10 層新廈。

經重建的東華醫院，設備大為改善。例如，加設了分隔室、觀察房、傳染病房，另建寬敞的肺癆病房，加強空氣流通，又增設升降機。而其中一個劃時代的工程，就是加建水廁。1930 年代初，有論者在中國最長壽的期刊《東方雜誌》揚言，抽水馬桶是當世最偉大的發明。從衛生角度而言，水廁可即時清理帶有病菌、病毒的排泄物，減低傳染的機會。東華屬下各醫院在 1930 年代陸續安裝水廁。雖然工程功德無量，但卻加劇了東華醫院的財政負擔，大大超出每年 2,000 元的水費限額。幸得港督金文泰協助，增加供水量，使醫院不需再繳納超額的水費。

現今的東華醫院禮堂是 1934 年重修後的格局，如希望一睹東華大堂重修前的模樣，可參考現時的東華三院文物館，因為當日廣華醫院建築樣式就是參照東華醫院。現在的東華醫院禮堂四周掛

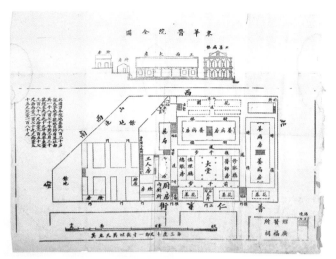

圖一

圖二

圖三

一九三四年改建後的東華醫院主座（東華三院提供）。

滿百多年來收到由各方送贈的匾額、對聯，當中包括清朝光緒皇帝（1871-1908，在位：1875-1908）御賜的「萬物咸利」牌匾，答謝東華在 1885 年（清朝光緒十一年）6 月籌逾 10 萬元善款，賑濟珠三角受水災影響的災民。禮堂的牆上亦鑲嵌了早年總理的瓷相、大事碑記。現時，東華三院歷年重要會議、週年會員大會、董事局互選大會、董事局代就典

金禧紀念大樓，於一九七〇年拆房改建為百週年紀念樓（東華三院提供）。

一九三四年東華新院舊址改建為民房（東華三院提供）。

李兆忠紀念大樓梯間懸掛的匾額（筆者攝）。

禮，以至大型活動等等，均在禮堂舉行。為推廣文物保育及傳承東華精神，東華不時在禮堂舉辦公眾講座和活動讓市民參加。

2009年，古物諮詢委員會將東華醫院主座大樓（即李兆忠紀念大樓）評為一級歷史建築。今天的主座大樓，除地下的禮堂作有限度開放外，其他地方則是專科門診、病房、各種治療室及辦公室。不過，每層樓梯間及樓層的大堂，懸掛了不少歷年由各方所送贈的匾額和對聯，大家可駐足欣賞，細味東華的百年歷史。

文咸西街（南北行街）

東華醫院的成立，標誌着十九世紀後期本地華商的崛起，而部分出錢出力的商人乃從事南北行貿易。中西區東華歷史散步的最後一站，就是閒逛有「南北行街」之稱的文咸西街。

豬仔貿易的延伸

顧名思義，「南北行街」所出售的貨物來自世界各地，現時該處以售賣參茸海味為主，而南北行的出現與近代中國移民及華工出洋不無關係。

一直以來，都有華人離開天朝大國移民外地，只是歷朝政府既不承認，亦不保護這些海外僑民。自明朝（1368-1644）起，愈來愈多沿海居民飄洋過海到東南亞謀生。迄至清中後期，北美洲的淘金熱、修築鐵路，以至後期開發東南亞的橡膠園，均需要大量廉價勞工。惟自 1830 年代起，西方國家陸續廢除奴隸制度，解放黑奴。為解決勞工短缺問題，西方諸國轉到中國招聘廉價勞工，造成由十九世紀中開始，大批華工先後被「賣豬仔」，或當上後來的契約勞工，到美洲、澳洲、新西蘭、東南亞等地打工，而香港

就是華工出洋的重要中轉站。

香港是繼廈門、澳門、汕頭後，華工出洋的重要港口。中國最早有苦力出洋的港口是廈門，1845 年已有華工由該處出洋，目的地是法屬波本島（Island of Bourbon）。1850 年代起，汕頭取代廈門成為苦力貿易中心。自從香港成為英國的殖民地後，英國決意在苦力貿易中分一杯羹，於是控告西班牙在中國進行奴隸買賣。最後法庭裁定，出洋的華工必須知悉目的地及僱主名稱。香港亦順理成章成為了契約勞工出洋的起點。十九世紀經香港出洋的華工，主要來自廣東三邑（南海、番禺、順德）及四邑（新會、台山、開平、恩平），目的地是美洲，至於客家和潮州人則經汕頭出洋，到東南亞打工。

在彼邦生活的華人，對中國貨以至家鄉食品需求殷切，於是造就一批商人專門為海外華人供應中國貨、土產，逐漸形成南北行貿易。除了南北行，當時從事轉口貿易的尚有南洋莊（東南亞地區，包括泰國的「暹羅莊」、星

馬的「新加坡莊」、越南的「安南莊」)、叻莊(新加坡)、金山莊(美國、加拿大)、夏灣莊(古巴),其業務與南北行相似,也是寄賣國內外的貨物,並兼營僑匯,分別只是地域不同而已。

地緣關係

　　本港的南北行商有不少是潮州商人,元發行的高楚香可謂當中的代表人物。元發行在 1840 年末由潮州澄海人高元盛在香港創立,1850 年代初轉讓給同鄉高楚香(又名高滿華)。高楚香年青時曾在暹羅(即現今泰國)當碼頭工人和廚師,薄有積蓄後轉行從事貨運,把貨物運到潮州、暹羅兩地。累積相當資本後,高楚香在曼谷開設米機——元發盛碾穀廠,把經打磨的白米運回香港出售。元發行主要業務是從東南亞進口米、土產、香料、糖來香港,再轉口至汕頭、廣州等沿海城市。同時,把中國尤其是潮州的土產運到東南亞。元發行也涉足航運業,經營來往香港至東南亞之間的客貨運輸。1870 年後,公司業務擴張,在日本、泰國、新加坡和馬來亞建立聯號,而且開拓米壋、房產和金融等生意。

1920、1930 年代，受世界經濟不景影響，元發行後人經營不善，周轉不靈，最後在 1933 年倒閉。

潮籍的南北行商尚有同為澄海人的陳宣衣（又名陳煥發）。陳氏早年在汕頭元發盛行屬下的船隊當水手，累積一定財富後便自立門戶，經營船隊，來往香港和汕頭至上海、天津、東南亞的航線。1851 年，陳宣衣與兄弟陳宣明合資在香港創立乾泰隆，由暹羅運白米到香港，再轉運到內地，同時把華南地方土產運到東南亞出售。其後商行由陳宣衣的兒子陳慈黌繼承及擴展，在曼谷成立陳黌利行，建立米倉，運送大量米糧到香港再轉運往中國。與元發行類似，乾泰隆也自設船隊，以及在東南亞多處發展聯號，建立龐大的貿易網絡。

雖然南北行的貿易不遜於洋行貿易，而且更早在香港扎根，惟當時殖民地的華人地位低微，政府不會扶植華人商業，華商唯有自組商會或行會，團結自保。再者南北行商人來自多個地方，除了潮州，也有來自廣東、福建、上

海等等。不同籍貫的商人自成派系，如潮州幫、廣東幫、福建幫及上海幫等，間中會因利益發生衝突。於是在 1860 年代，高楚香與陳宣衣、陳殿臣（元發行）等人，再聯同粵籍的招雨田（廣茂泰行）、馮平山（兆豐行），以及閩籍的胡鼎三、吳理卿等，倡建公所，排難解紛，維持行內公平競爭。1868 年，「南北行公所」宣告成立，可謂香港其中一個最早的行業商會。在公所成立之際，本港南北行商已增至 30 餘家，到 1920 年代，商號躍升至超過 100 家，是南北行貿易的全盛期。南北行公所的成立不僅標誌着華商的抬頭，同時奠定香港作為轉口港的角色。

上文提到，南北行是買賣及轉口內地以及東南亞的貨物。商號的營運方式是代客買賣貨物，然後按貨值收取 2% 的佣金，即「九八計算」，所以南北行又稱為「九八行」。

第二次世界大戰後，東南亞的市場逐步開放，競爭劇烈，南北行的優勢漸漸消失。多間商行因為未能重整業務應對改變，相繼倒閉結業。及至 1960 年代，僅餘乾泰隆一家仍然從事大米進口貿易。

南北行與東華醫院

　　1869 年，港督麥當奴准許建立華人中醫院，各個行業的商人隨即推舉代表玉成其事，倡建總理當中有來自南北行、金山莊、洋行業、銀行業等的業界代表。南北行則推舉元發行的高楚香為倡建總理之一。自東華醫院在 1872 年落成啟用以來，每一屆的總理當中皆有南北行的代表，例如 1872 年，來自南北行的總理就有 3 位，包括怡豐南北行的許秉筠、廣昌隆南北行的余饒敏和福茂隆南北行的區遂。之後來自南北行的東華總理數目維持在一至兩位，及至 1935 年後，南北行再沒有代表加入東華三院，但仍有來自金山莊、叻莊、參茸藥材店的華商當上東華三院的總理。南北行商人的淡出，反映出戰前香港經濟正逐漸轉型，雖然轉口貿易仍是重要的經濟活動，但如前文所述，1920、1930 年代的世界性經濟衰退導致多間南北行商出現困難，南北行商在本港經濟的影響力銳減。米行、疋頭布行、銀行銀號的商人漸漸取代南北行商入主東華三院董

現今南北公所位於商業大廈內（筆者攝）。

事局，反映戰前本地華商業務的轉變。

南北行公所

　　南北行公所在 1868 年成立。公所原本是一幢兩層高的紅磚屋，門框的橫匾刻有「公所」二字，並刻上「同治八年南北行建」的字樣，大門的對聯寫上：

　　　利藪南州萃

　　　恩波北闕深

　　南北行公所在 1952 年拆卸重建為四層高的大廈。1997 年，公所與地產商合作重建，原址及其鄰近地段重建成一幢高樓大廈，於 2000 年入伙。

西環殯葬故事

秘境窺探：

十九世紀後期，西環仍是個偏僻、人跡罕至的地方，而且被喻為「陰森」甚至「猛鬼」之地，皆因當地有不少墳場、義山、義塚、義莊、長生店。西環的殯葬故事與東華醫院歷史息息相關，因為東華甫成立，便與死亡、殯葬結下不解之緣。

自香港開埠以來，華人紛紛到來尋找機會。1841 年開埠時，全個香港島的華人只有 7,450 人。到 1844 年，單是維多利亞城以及附近水域居住的華人就有 13,586 人。及至 1851 年，本港人口增至 33,000 人，十年之後（即 1861年）更倍增至 119,321 人，當中逾 92,000 是華人。人口激增與 1850 年代太平天國擾攘華南地區不無關係，為逃避戰火，廣州、潮汕、兩粵，以至浙江等地的民眾，紛紛南下香港避難。

不過人總有生老病死，人口不斷增加，對本港的喪葬墳地構成壓力。華人忌諱有人在屋內過世，於是把病重、彌留者送出屋外。加上早期來香港的大多是單身漢，病重

先人白骨義塚今昔對比（右圖由劉國偉提供、左圖由東華三院提供）。

甚至身故皆乏人打點，於是出現在廣福義祠「等死」、人屍共處的現象。而且在 1856 年以前，政府並沒有設立華人墳場或訂明殯葬條例。華人把去世的親友隨處下葬，東華醫院的所在地墳墓街便是一例，該處是太平山區的居民的「葬地」。由於墳穴非常接近地面，加上位處山坡，每遇大雨，棺木連屍首便會沖到馬路，不僅影響衛生，而且狀甚恐怖。因此，政府在 1856 年於摩星嶺和黃泥涌設置華人墳場，又規定棺木必須埋葬於地面五呎以下。

東華醫院尚未落成啟用之前，已提供執葬服務。首個處理工作是清理墳墓街的白骨。為了建醫院，東華醫院執葬了墳墓街的先友，遷葬到西環牛房義山（即現今士美菲路一帶），命名為「先人白骨」義塚。而戰前東華醫院在西環分別設有義山、義塚、義莊以及辭靈亭。

雞籠環義山與遭風義塚

義山、義塚和義莊照顧貧窮無依、無親無故，甚至無名無姓的先友，同時亦會殯葬在醫院身故的病人。如前文所述，東華醫

69

院所在地原名為墳墓街，荒塚處處，東華醫院執檢當地的骸骨，移葬西環牛房義山。此外，東華醫院曾向政府申請在雞籠環、大口環和摩星嶺設置義山。

東華醫院又協助執葬無人認領或災難中的死者。1874年8月12日，颱風襲港，多艘漁船被吹翻擊沉，死傷者逾2,000人，史稱「甲戌風災」。東華醫院參與善後工作，租用小艇及僱用工人，在本港水域打撈遇難者屍體，撿獲約400具遺骸，部分屍首即時就地安葬，其餘則由東華醫院代送到牛房義山合葬。1880年，昂船洲發現上百具骸骨，估計屬於甲戌風災就地埋葬的遇難者。東華醫院遂檢拾遺骸，並發動募捐修建義塚，獲當時的港督軒尼詩響應，捐出薪金作善款之餘，也撥出雞籠環（即現今華富邨位置）作為義山。東華醫院把昂船洲的白骨，連同牛房義山的風災死者遺體一併安葬在雞籠環義山，並命名為「遭風義塚」。當屆東華醫院主席招雨田等又豎立石碑，記載事件的始末。1940年，甲戌風災60週年，當年東華三院主席為紀

念這場風災的死難者，在鷄籠環義山興建庚辰亭。

　　時移勢易，上述的義山、義塚早已遷離西環。戰後的城市發展，多個位於市區的義山需要搬遷。1949 年，政府在沙頭角設立沙嶺公共墳場，1950 年和合石墳場也投入服務，東華三院先後把柴灣、何文田、牛池灣等各義山的骨殖，遷葬到鑽石山山頂的總墳、和合石及沙嶺等公墓繼續管理，西環和摩星嶺的義山、義塚則遷往和合石西安墓園。時至今日，每年東華三院仍會派職員到各個義山、義塚拜祭先友。

東華義莊

　　東華義莊前身為文武廟資助及管理的「牛房義莊」。由於開埠初期來港的華人主要是單身漢，身故後大多運返原籍安葬，於是文武廟在 1875 年籌建西環牛房義莊，以便寄厝先友骸骨，待日後運返原籍安葬。其後坊眾一致同意把義莊交予東華醫院管理。1899 年東華醫院向政府申請，並獲得批准於大口環內 1572 號地段建立新的義莊，正式命名為「東華義莊」。

雞籠環遭風白骨墳碑文

同治十三年（一八七四年）八月十二日，狂颶捲起，風伯大肆，奇災怒浪，滔天水府，因成巨厄，變生頃刻，事起潀臾，斯亦劫數之流行，人生之不幸者也。於時香港一隅，船艇之泊於海面者，溺斃多人，殊難悉數，當即僱工檢拾，董葬一逼。不意事隔數年，尚有遺骸百餘具暴露於昂船洲處。董等憫此孤魂無主，亟思遷葬義山，於是稟諸 督轅欲行檢拾，乃蒙 大英總督、香港地方御賜佩帶三等寶星燕皐斯制軍大人，善念宏開，慨然捐俸，興修義塚，以妥亡魂。從此淨土同埋，莫怨紅羊之劫：故鄉休念，無滇黃天之傅，蹉嗟修短，原定白天，人生如夢，既負四方之志，隨處皆安，今朝窀厥攸居，應拜仁人之賜，他生轉還陽世，另舒志士之懷。謹泐片言，以垂不朽，是為誌。

東華醫院董事招雨田等敬泐

黃筠堂

馮明珊

光緒六年庚辰歲月日

大英一千八百八十年月日

位於和合石的遭風義塚（東華三院提供）。

The Chinese burial ground (West point), Hongkong.

Sold by Graça & Co., Hongkong, China.

位於雞籠環的遭風義塚原址（高添強先生提供）。

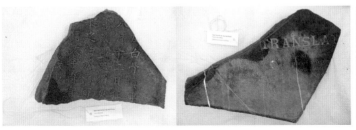

於和合石發現的原遭風義塚碑文碎片，估計因為義塚獲時任港督軒尼斯捐助，遂刻有英語碑文（東華三院提供）。

73

　　十九世紀末，數以萬計華人出洋謀生，原籍安葬服務的需求日漸增加。香港是整個棺骨運送過程的中轉站，而東華則擔當中介的角色，聯絡海內外各機構，確保先友棺骨可順利回鄉。海外華僑生前大多會向會館、同鄉會交付「入堂費」，部分作為身後事的費用，當中包括安葬、執骨、購買「出港紙」、運費等等。海外華僑身故後，當地的會館、同鄉會結集一批棺骨，然後安排輪船運到香港，同時將先友的資料、骨殖數目、輪船的名稱、起航及抵達時間通知東華。當先友棺骨抵達香港後，先寄厝義莊，待東華登報通知親友到義莊自行領取，或由東華安排蝦苟艇運返內地，再由內地的同鄉會、善堂、方便醫院通知親友領回。

　　從東華三院義莊文獻所見，經東華歸鄉的外埠先友遍佈五大洲，當中以南北美和東南亞地區為主。以下是部分棺骨起運地點：

北美洲	**美　國**：三藩市、紐約、匹茲堡 **加拿大**：溫哥華、鳥埠、多倫多、滿地可 **墨西哥**：磨詩耀、粒巴士、那卡利
中、南美洲	**巴拿馬、古巴、危地馬拉、哥斯達黎加、千里達、秘魯**
歐洲	**英國、法國、荷蘭、挪威**
亞洲	**日　本**：神戶、橫濱、長崎 **朝　鮮**：仁川 **越　南**：南圻、堤岸、河內、海防、峴港 **菲律賓**：蘇洛、馬尼剌、西黑人省、三寶顏、小呂宋 **泰　國**：曼谷 **馬來亞**：吉隆坡、新加坡 **澳　洲**：雪梨、美利濱、湯士威爐埠、布里斯本、鳥修威省 **紐西蘭**：威靈頓、奧克蘭 另有柬埔寨、緬甸、婆羅洲、太平洋的斐濟和大溪地

　　從海外歸鄉的棺骨主要原籍廣東省。他們遍佈廣州、中山、新會、台山、開平、南海、番禺、順德、高要、東莞、三水、四會、鶴山、增城、石龍、虎門、汕頭和瓊洲；亦有先僑棺骨是運返福建、北海、天津、唐山、青島、山東、上海、漢口、鎮江等地，但不少其實是交到當地的廣東會館、廣肇公所、中山會館等

有關骨殖抵港的報道（《華僑日報》，一九四八年九月十九日）。

海外華僑歸骨
三千餘具
暫瓷東華義庄
請睿助運原籍

（中國社）本港瀕近由海外各地運到
華僑遺骨二千餘具，頃據運到
港後分別運回原籍，致
由市政府飭令暫時間時，澳
門亦陸間而檢被拋云。

庄勢，凡恐未將佐尚香
見，凡恐未將佐尚香
如香港在下月
港，托香僑將冬令時間時，澳
者，類各越南、柬埔寨、
菲能、暹羅、南北美
洲等地，自華第二次世
界大戰後，體間安排，
為籍許若乾之多，年來
始陸批遷回，間布各省
墳塲邊，只間容運回來，
四一部份缺乏餘歌，乃
無缺分別輪歌云。

等。換言之，經東華醫院處理的原籍安葬先友，有相當數量是廣東人，這牽涉華南地區二次葬的文化（即屍首化骨後，再起出骨殖，另葬別處），以及與十九世紀以來出洋的華工主要原籍華南地區不無關係。

在沒有飛機的年代，出門遠遊只能以輪船代步。從香港到東南亞以至歐美諸國，航程以月計算。在船上難免水土不服，頭暈身熱，甚或染病，客死異鄉。基於衛生考慮和欠缺冷藏設備，水手通常把船上身故者的屍首拋入海中。為免屍首被拋入海中，東華醫院會在各出洋輪船放置幾副棺木，由於十九世紀中開始，不少華人經香港到美洲打工，當時華人稱美洲為「金山」，所以放在來往美洲輪船的棺木稱之為「金山棺」。東華又會在船上設置緣簿，希望乘客隨緣樂助，資助施棺以及東華其他慈善服務。除了在輪船擺放「金山棺」，東華亦會為在旗下醫院去世而又有經濟困難的喪主施贈棺木。因應棺木的大小，可分為大箱、小箱、平頭、一尺沖亘、三六沖亘等等。

　　自義莊落成之後，入莊的先友數目不斷上升，不消十年義莊已不敷應用，其後，1922 年的海員大罷工及 1925 年的省港大罷工，令中港兩地的水路交通嚴重受阻。時局動盪又影響了本港經濟，不少先僑的後人因周轉問題而拖欠莊租，令東華義莊的情況雪上加霜，既缺乏經費修繕，也令義莊有骨滿之患。

　　為解決義莊爆滿的問題，東華醫院在 1920 年代向政府申請撥地擴建，最後批出與義莊相連的土地愈 56,000 平方呎，興建三層高的「丙寅莊」，於 1927 年啟用。另外，東華又在 1921 年修改義莊規例，凡外埠棺骨停放義莊超過一年及本港棺骨欠莊租一年，東華醫院會代遷葬義山。

　　然而，1937 年抗日戰爭爆發，翌年廣東淪陷，省港兩地交通中斷，進一步使骨殖滯留香港，無法運送回鄉。抗戰勝利後，本來可恢復運送先僑棺骨回鄉，又因為 1946 年起內戰爆發而受阻。1949 年中華人民共和國政府成立後，意識形態爭議、政治運動以至國際禁運，令先僑棺柩骨殖再無法返回原籍安葬，只能以香港作為最後的棲息地。據 1960 年代初的統計，東華義莊尚有棺柩

670 具、骨殖 8,060 副、骨灰 116 具。

在東華義莊寄厝的，並非全屬出洋飄泊的華工，不少本地及國內名人曾是義莊的住客。鄧伯庸（又名鄧鑑之）是東華醫院 13 位創院總理之一，本身是廣利源南北行商。他和妻子身故後，遺體先後被送入義莊安放，直至現在，是寄厝在義莊最久的先友。前北京大學校長蔡元培（1868-1940）也曾經在義莊寄厝。1937 年抗日戰爭爆發，蔡氏南下避難，寓居尖沙咀柯士甸道 156 號。1940 年 3 月 5 日，蔡氏於香港養和醫院逝世，於 3 月 10 日出殯儀式結束後，棺柩隨即運抵東華義莊暫放。其家人原打算在戰爭結束後把蔡元培的遺體運返內地安葬，惟最終決定以香港為蔡元培的長眠之地，遂於同年把蔡氏遺體下葬香港仔華人永遠墳場。

戰後，為了解決棺骨積存及配合社會變化，因此，東華再三登報通知市民領回先人棺骨，無人認領者便安排在沙頭角邊境的沙嶺公墓永久安葬。而騰出的地方則改作其

圖一：一九四七年東華義莊高空照，右方屋頂寫上「東華義莊」大字的是一九二○年代加建的丙寅莊（東華三院提供）。

圖二、三：東華義莊舊照（東華三院提供）。

八和會館先友靈灰所的報道（東華三院提供）。

他用途，例如丙寅莊在 1961 年就改建成大口環護養院，其後再改建為今日的東華三院馮堯敬醫院。同時，為配合 1970 年代港府提倡火化，義莊開始設置靈灰位，於 1974 年 10 月正式啟用；1980 年代初再次增設，使義莊內的靈灰位接近 6,000 個。在眾多靈灰龕中，有一組名為「八和會館先友靈灰所」，根據報章報道（見上圖），1994 年，香港八和會館向東華捐助 33.8 萬元，而東華則撥出義莊內 169 個靈灰位供八和會館使用，專門照顧貧困孤寡的梨園子弟先友，除安裝費外，不另收費，讓他們身故後也有個安身之所。至於為何是 169 個，皆因靈灰位所屬之處早已有一位先友入住，其後人亦拒絕遷出，最終家屬同意先友成為八和會員。

　　2003 年，東華三院為義莊進行全面修復工程，並先後榮獲香港古物古蹟辦事處頒發的香港文物獎（2004）「文物保存及修復獎」榮譽大獎，以及聯合國教育、科學及文化組織頒發「2005 亞太區文物修復獎」優越大獎。

一別亭與永別亭

在中國園林建築中，亭是供人休息、乘涼、觀景或避雨的地方。一般而言，亭的體積小巧，結構簡單，而且設計開放，沒有牆壁重重包圍。亭屬多邊形建築，較普遍是六角形、八角形和圓形。東華醫院則利用亭作為辭靈送殯之用，並供孝子賢孫及仵工稍作休息。使用亭作辭靈或遺體告別儀式並非東華醫院首創，不少新界大族會在村外設置孝思亭、哀思亭，供村民舉辦喪事。早年東華醫院在西環及半山就分別設有一別亭和永別亭。

設立辭靈亭與華人喪葬習俗有關。十九世紀時，本地華人身故後，會在家、醫院或殯儀館舉行喪禮，之後親友陪伴先友步行至墓園，到臨近墓地之處，送殯隊伍便會停下來進行辭靈儀式，最後靈柩由仵工搬運上山安葬。富有人家的路祭更講求排場：法師、樂隊等送殯隊伍先行開路，工人損抬靈柩緊隨其後。

東華醫院設立的辭靈亭均在墳場附近。本節開首時提到，十九世紀末、二十世紀初的西環，經常予人陰森之感，皆因該處位於港島西端，人跡罕至，所以政府在此設立多個墳場，包括摩星嶺

香港華人墳場、雞籠環國家墳場、堅尼地城墳場，到 1915 年，香港華人永遠墳場也設在港島西。上述墳場遠離上中下環市中心，交通不便，於是東華醫院於 1918 年在堅尼地城購置土地興建「一別亭」，送葬親友可租用進行辭靈儀式。一別亭又設有客廳，家屬可在此設齋宴或解穢酒。

　　1926 年，東華計劃在西區的上路，即薄扶林道建永別亭，方便半山的喪主送葬。1928 年政府在薄扶林半山維多利亞城界碑附近撥地，總理亦四出勸捐，共籌得 13,000 元，建成了「永別亭」，於 1929 年 12 月 30 日啟用。永別亭正門的石柱刻有一副對聯：

　　　　永不能見平素音容成隔世

　　　　別無復面有緣遇合卜他生

　　設立辭靈亭的原意是方便公眾向先人告別，租金則撥充東華醫院善款。惟使用者大多是富裕人家。一別亭每次收費為 20 元，如同時租用客廳及辭靈亭則收取 40 元。以戰前的物價而言，這絕非小數目。因此，永別亭特設收費

西環一別亭，即現今東華三院百年大樓（東華三院提供）。

和免費兩種：收費的永別亭外圍設有透光、透風的門窗，免費的則不設門窗，較為開放，雖然私隱度欠奉，卻可解決貧苦大眾在路邊辭靈所造成的交通阻塞問題。

曾經使用一別亭的名人不計其數，當中包括國民黨陸軍中將陳嘉佑（1881-1937）。他於 1937 年 2 月在香港去世，家人決定先把靈柩寄厝東華義莊，2 月 18 日從義莊起靈，在一別亭舉行公祭，讓港中親友在此辭靈後，於當日下午 5 時由九廣鐵路運返內地安葬。

辭靈亭雖然是生者跟死者道別的地方，但在非常時期卻成為生人的容身之所。1949 年中華人民共和國成立，大批國民黨官兵、黨員赴港；1952 年，東華醫院借出一別亭作為難民登記辦公室。另外，1954 年的大暑（7 月 23 日），天氣異常燠熱，氣溫高達攝氏 32.1 度。不少在西環碼頭工作的苦力百無禁忌，走進一別亭納涼，使該處頓時變為「避暑亭」。

1951 年政府下令撤銷市區各個無宗教背景及非永久性

陳嘉佑葬禮報道 《香港華字日報》‧一九三七年二月十六日。

的墳場，辭靈亭亦因此陸續關閉。作為戰前本港最大公共墳地的雞籠環墳場，在戰後也逃不過拆遷的命運，於是東華三院把設在該處的義山、義塚遷移，繼而在 1958 年拆卸一別亭，改建成東華三院百年大樓。至於薄扶林的永別亭在日治時期因戰火被毀，戰後 1954 年重建，惟重建後使用者甚少，於是東華三院在 1955 年 2 月底宣佈取消永別亭收費，公眾可免費使用，隨緣樂助更無任歡迎。1976年永別亭改建為花園，命名為「華林園」，意指東華三院薄扶林花園，並於 3 月 1 日啟用，由東華三院顧問鄧肇堅主持揭幕儀式，其後「華林園」亦被拆卸。

一別亭用作難民登記處
《華僑日報》，一九五二年八月二十二日。

流亡港九難民遣送台灣在一別亭登記情形
（本報記者攝）

流亡港九難民登記
一別亭爲辦公地點

張源長副爲主持人
救濟機構將設台北

永別亭免收費
《華僑日報》，一九五五年二月二十日。

三院歡迎坊眾
借用永別亭

（新聞社）東華醫院當局經理……

油尖旺

油尖旺（油麻地、尖沙咀、旺角）是現今的行政區域劃分。在清政府割讓九龍半島前，今日的油尖旺既是軍事要點，也散居了水上人和客家人。清中葉以後，清廷在官涌設置汛房。九龍半島南端的尖沙咀村，是第一次鴉片戰爭的導火線，當地村民林維喜在 1839 年遭醉酒的英國水兵打死，林則徐（1785-1850）下令英軍交出涉事水兵，並在官涌山及尖沙咀興建炮台，即官涌炮台（又名臨衝炮台）和尖沙咀炮台。雖然炮台在第一次鴉片戰爭時被炸毀，但從今天官涌街和炮台街的所在地推測，可以大約知道當時兩座炮台的位置。由於尖沙咀面對維多利亞港，具相當的戰略價值。所以即使 1860 年英國佔領九龍半島之後，仍然保留不少地方作為軍事用地，包括槍會山軍營、位於今日九龍公園內的威菲路軍營，英軍又在九龍半島南端、廣東道的開首，建設前水警總部（即今日 "1881 Heritage" 的所在地），而原來尖沙咀的居民則要遷到油麻地了。

臨近海邊的油麻地，原名「蔴地」。未填海之前，油麻地榕樹頭天后廟對出是淺灘，漁船小艇在此停泊，破爛的漁船更會擱在淺灘上，形成類似船屋、棚屋的漁民住屋區。漁民習慣在天后廟前的空地晾曬蔴纜，所以當地有「蔴地」之稱，而在天后廟內一塊刻於同治九年（1870）的石碑，亦指出天后廟的所在地為蔴地。這個名稱到光緒元年（1875）就改為油麻地。由於愈來愈多漁船停泊在天后廟對出的海邊，吸引商戶在附近開設店舖，專門售買桐油及蔴纜給水上人。自從 1864 年尖沙咀的村民搬到油

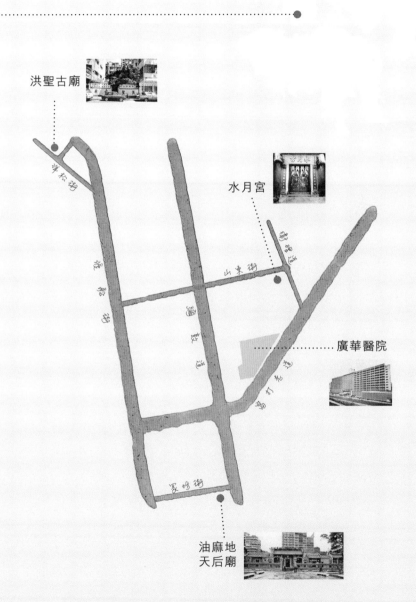

洪聖古廟

水月宮

廣華醫院

油麻地
天后廟

麻地，令當地人口上升，進一步吸引商人在當地開設店舖，最終令油麻地成為水陸居民的市集。1873 年，九龍區首間警署設於油麻地，反映該區是九龍半島重要的經濟及商業中心。

今日的旺角原名「芒角」，早見於清嘉慶年間（1796-1820）編纂的《新安縣志》，在割讓之前是客家聚落，範圍遍及現今的弼街、通菜街和花園街。「芒角」一名源於附近的「芒角咀」，即現今豉油街、新填地街一帶，原為臨海的小山崗，因為長滿芒草，所以村落就命名為「芒角村」，而芒角在 1930 年正式改名為旺角，但英文譯名 "Mong Kok" 則維持不變。綜上所述，早在英國人接管九龍半島之前，今日的油尖旺已有不少聚落。

十九世紀下半期，九龍半島的人口主要集中在油麻地。1881 年，九龍有人口 9,000 人，及至 1897 年，單是油麻地就有 8,000 餘人，1901 年該區人口上升一倍，達 16,859 人，之後繼續高速增長，到 1931 年有油麻地人口已超過 68,000 人。至於未開發前的芒角是農村，人口相對較少。在 1897 年，芒角與芒角咀的人口加起來也不到 2,000 人。及至二十世紀，芒角咀進行填海工程，當地華人人口不斷上升，1921 年當地人口已超過 29,000 人，升幅逾 18 倍，到 1931 年，旺角人口超過 59,000 人，直逼油麻地的人口數目。

人口增加帶動對醫療服務的需求。二十世紀初的九龍半島沒有醫院，病人要長途跋涉到香港島的東華醫院或國家醫院求診。油麻地又是水上人的集中地，他們絕大部分是文盲，不諳醫療或衛生知識，加上家境清貧，無能力負擔醫藥費。有見及此，在政府倡導下，東華醫院在九龍開設醫院，即廣華醫院。

由於新開發的九龍半島鮮有大型商行，籌募經費更吃力，政府於是借鑒文武廟的做法，以廟宇收入資助廣華醫院。二十世紀初，政府重新規劃九龍半島，開山闢地、修築道路，多條原有的村落遭遷拆，廟宇也不能倖免，何況當村民遷出後，廟宇

亦逐漸乏人管理。於是，政府借鑒文武廟的經驗，自 1910 年代中起，陸續把多間九龍半島的廟宇撥交廣華醫院管理，之後在 1928 年通過《華人廟宇條例》(Chinese Temple Ordinance)，監管本港的華人廟宇。部分廟宇撥交東華醫院及廣華醫院託管，資助醫院經費，以及開辦各種慈善服務。本書的第二章不僅道出東華醫院的服務如何擴展至九龍，也述說了開發九龍如何改變了廟宇和原來社區的關係。以下先從油麻地天后廟說起。

九龍半島華人人口，1873-1931

年份	地方	人口
1873	九龍	5,198
1879	九龍	7,344
1881	九龍	9,021
1897	九龍	26,442
	油麻地	8,051
	芒角咀	1,656
	芒角	218
	尖沙咀	1,760
1901	九龍	42,976
	油麻地	16,859
	芒角咀	1,147
	芒角	3,059
1906	九龍	52,331
	油麻地	17,812
	芒角咀	7,850
	芒角	398
	尖沙咀	4,480
1911	九龍	53,873
	油麻地	17,769
	芒角咀	11,050
	芒角	470
	尖沙咀	5,790
1921	九龍	123,448
	油麻地	32,372
	芒角咀	29,414
	芒角	5,190
1931	九龍	263,020
	油麻地	68,596
	旺角	59,740
	尖沙咀	16,500

資料來源：*Hong Kong Administrative Reports. 1873-1937.*

油麻地天后廟

　　自宋朝（960-1279）起，天后崇拜被納入皇朝國家的祭祀系統，這個地方上神祇受歷朝敕封，逐漸升格為天妃、天后。傳說天后原來是福建莆田的女子，曾經多次拯救受風暴影響的漁民，所以受到不少水上人膜拜。本港大多數由水上人籌建的天后廟皆臨近海邊，油麻地天后廟也不例外，在未填海之前，天后廟臨近海邊的淺灘，停泊了不少漁船。油麻地天后廟又稱「榕樹頭天后廟」，皆因天后廟前地種植了幾棵老榕樹。天后廟是油麻地以至九龍半島的地標，廟街以及公眾四方街（現眾坊街）也因該廟而得名。

　　油麻地天后廟的建築年份已不可考。有指天后廟最初由水上人籌建，只是一所細小簡陋的廟宇，位於北海街和廟街交界。據文獻記載，政府在 1864 年將尖沙咀的村民遷往蔴地（今油麻地），而天后廟大概是在這時興建的。該廟現存最早的文物是同治四年（1865）的石獅子，反映該廟在 1865 年已存在。由於廟宇臨近海邊，易受潮汐影

響，致令廟宇損毀嚴重。加上地方狹小，於是區內坊眾及商戶在同治九年（1870 年）重建廟宇。期間遇上 1874 年的甲戌風災，廟宇被摧毀，居民於是再籌款重建，1876 年在今日廟宇的所在地動工，1890 年落成啟用。

重建天后廟有賴當地的水陸居民共同合作。現存有關天后廟的重建碑記顯示，當日捐款的善長有 340 位，除了水上人以及漁業、造船、航運等商舖外，還有典當業、打鐵店、道院的捐助。而且捐款不限於油麻地的坊眾與商戶，亦有來自上環、灣仔、長洲、香港仔、澳門、內地（如石歧、花縣、石龍、廣州、三水、海豐）的捐款，「大鵬協鎮府」和「九龍分司」（即九龍寨城內的九龍巡檢司）也慷慨捐助廟宇重修。

來自四方八面的捐款說明了三點。其一，即使在 1860 年英國佔領界限街以南的九龍半島，九龍巡檢司所在的九龍寨城仍是清朝的國土，清政府透過不同的非正式渠道，參與殖民地華人的民生事務，彰顯其對這片殖民地的連繫。其二，各行各業商戶的捐獻說明，1870 年代的油麻地的經濟發展不俗，而且跟其他漁港及

周邊地區有人脈或商業連繫。其三，油麻地天后廟的信眾不限於當地的水上人，還有來自長洲、香港仔等漁民社區的信眾，而且陸上居民和商舖也膜拜天后。加上兩個重修碑記都發現不少商舖的捐款，反映迄至 1870 年代，陸上居民及商戶已取代水上人，控制油麻地天后廟。

《華人廟宇條例》

1911 年辛亥革命爆發的前一天，廣華醫院開幕。有別於香港島，二十世紀初的九龍半島欠缺大商戶及洋行，廣華醫院在籌募經費時相對吃力得多，甚至未能籌得足夠的經費。政府參考了文武廟的做法，擬將油麻地天后廟交由廣華醫院管理，以廟宇收益資助醫院贈醫施藥。1914 年 11 月，華民政務司號召東華醫院、廣華醫院和天后廟值理舉行聯席會議，討論接管廟宇事宜。會上有天后廟值理反對政府建議，但在表決時，全體與會者又贊成把廟的收入撥歸廣華醫院。在 1914 年秋所立的〈重修天后廟書院公所

碑記〉，亦清楚列出東華醫院和廣華醫院為該廟重修總理之首。

　　不過，天后廟值理陽奉陰違，拒絕移交廟產收入，並繼續每年推舉值理管理廟中大小事務。廣華醫院唯有通過其他途徑籌募經費，好不容易熬過十多個寒暑，直至 1928 年，政府頒佈《華人廟宇條例》，天后廟值理才把全部廟產及歷年收入共 58,000 多元移交廣華醫院。

　　《華人廟宇條例》並非為針對油麻地天后廟與廣華醫院的糾紛而設，而是要配合政府的市區發展。由於外來人口愈來愈多，政府在 1920 年代開發九龍半島，影響不少原有的聚落，而這些鄉村又會各自或聯合其他村落籌建廟宇，如水月宮就是由芒角、何文田及附近客籍鄉民所建（將於本章較後節數討論）。當局開發九龍半島時，需要安置原來的村民之餘，也要處理他們建立的廟宇。有廟宇因村民搬走後乏人打理，日後或會出現爭奪廟產的法律訴訟，亦有像油麻地天后廟般，廟宇值理拒絕與政府合作。於是政府在 1928 年通過《華人廟宇條例》，收回本港大部分華人廟宇的控制權，為市區發展計劃掃除障礙。至於這些廟宇的收入和產業，

部分撥歸東華醫院和廣華醫院作慈善用途。透過《華人廟宇條例》收回中式廟宇的管理權，政府既可為發展市區掃除阻力，又不需付出一分一毫，便解決本地華人的醫療開支，可謂一舉兩得。然而，條例卻破壞了原有的地區以廟宇為核心的社會組織，使得一些廟宇無復以往的香火鼎盛，就連傳統的慶祝活動也逐漸被淡化。

　　戰前天后廟前地至海旁是一大片空地，政府在此興建了大批小屋作小販攤檔出租。自廣華醫院托管油麻地天后廟後，這一帶的小販攤檔亦交由廣華醫院管理，租金撥交醫院。由於戰前油麻地是個市集，所以出租攤檔十分搶手；然而，因為地方狹小，不少商販私自霸佔攤檔以外的地方擺放貨物。政府遂於1932年收回小販檔拆卸改建，並於1933年底重新招標。新建成的攤檔本來以價高者得的方法競投，但經舊有小販公開呼籲後，政府最後答允把攤檔租予原來的租客。

天后廟建築羣

現時的油麻地天后廟包含了五間建築物，當中四座是廟宇，供奉不同的神祇。這五座建築從南到北分別是書院、觀音樓社壇、天后古廟、城隍廟和福德祠。天后廟位處五座建築的正中。

1872 年天后廟從北海街遷到現址，廟的兩側便陸續建有公所和書院。公所位於天后廟的左側，由油麻地五約（即油麻地、尖沙咀、官涌、芒角和深水埗）興建，是他們商議地區事務的場所，天井位置設有社稷神壇。其後有居民把觀音供奉於社壇，因此便把門前牌匾命名為「觀音樓社壇」。

天后廟建築羣共有兩間書院，在不同時候建成。較古舊的一所位於天后廟右側，即現今的城隍廟。舊書院建於光緒丁酉年（1897 年），為區內貧苦兒童提供免費教育。舊書院結束後，東華三院出租作店舖，曾經用作打鐵舖以及跌打醫館，直至 1970 年終止。之後舊書院曾短暫用作陳列天后古廟的文物。1972 年天后廟進行重修，舊書院被改建為廟宇，供奉城隍。2015 年 8 月城隍廟失火，燒毀大部分神像，唯獨城隍像只被熏黑，沒太大損毀。東華

塑造了一尊全新的城隍像，與翻新的舊神像一同供奉於神壇。至於原本廟宇正門上方的「書院」石匾，被「城隍廟」匾額遮蓋多時，經重修後得以重見天日。

　　第二所書院由東華醫院建於 1920 年。這是一所傳統書塾，由於戰前本港義學需求殷切，而二十世紀初東華醫院的義學又主要設在香港島，故東華總理決定撤銷港島城隍街的義學，改於天后廟南書院開辦東華在九龍的首間義學，名為「文武廟油麻地免費義學」。重光之後，東華旗下的義學相繼復課。從前油麻地天后廟左右兩間書院分設義學兩所，復辦後天后廟義學易名為「九龍第一免費小學」，分上下班授課至 1955 年關閉。東華三院將該處改作解簽所，至 1991 年停止運作，2016 年改為祭祀習俗演進館，重新對外開放。書院門前放了兩塊新刻石額，寫上「海不揚波」和「永錫安寧」。第一進和天井展示道教法事用品、花炮和機動花牌，並介紹天后廟的變遷，天井正中擺放了該廟曾使用的錫製香爐（1879 年）和木蠋台（1891 年），

兩件禮器分別製於十九世紀末，即已有逾百年的歷史，見證了油麻地以及天后廟的變遷。第二進的房間模仿昔日解簽檔的間格，展示了衣紙寶帛以及近年廟宇採用的環保化寶爐裝置，讓參觀者既可了解中國傳統祭祀文化，又可對環保祭祀有更多的認識。

天后廟建築羣的北端是福德祠，建於光緒二十九年（1903年），供奉土地神。所以天后廟建築羣實際有兩個社壇。有趣的是，居民其後也在社壇和福德祠加奉觀音，令兩間土地廟分別變成觀音廟，福德祠門前亦多了「觀音古廟」的牌匾。

1928 年廣華醫院正式接收油麻地天后廟時，除得到廟宇58,000 多元的嘗產外，也接管了公所（觀音樓社壇）、舊書院和福德祠（觀音古廟）。1969 年，為配合政府發展旅遊業，華人廟宇委員會決定重修油麻地天后廟，全部費用共 40 多萬元，當中 5 萬元由東華三院支付，其餘則由華人廟宇委員會負責。重修後的油麻地天后廟依舊由東華三院托管。2015 年，城隍廟失火，東華三院將廟宇關閉維修，直至 2017 年 8 月 9 日重開，並請來道長進行開光儀式。

油尖旺・油麻地天后廟

一九六〇年代的天后廟建築羣（東華三院提供）。

「花炮衝神」

2018 年，東華三院在農曆三月廿三日（5 月 8 日）天后誕當日，在油麻地天后廟復辦大型賀誕活動，而活動的重頭戲是「花炮衝神儀式」。花炮是一座以紙紮作成的神壇；早期的花炮是以火藥製造，類似炮竹，向高處發射，然後信眾上前爭奪，這正是「搶花炮」的意思。不過二十世紀初，搶花炮曾導致多人受傷，政府遂下令禁止，改以抽籤形式代替，搶花炮亦變成了「抽花炮」。時至今日，只有河上鄉的洪聖誕仍保留搶花炮的傳統。

現今紙製的花炮高度由 6 呎至 20 呎不等，視乎層數多少，而近年大多以三層為主。花炮的頂部會寫上花炮會名字或賀誕的牌匾，四周則貼滿雙龍、八仙、門神、福祿壽三星、托紅金花及福鼠等吉祥物，以作裝飾。炮身周圍會掛上象徵生殖能力的物品，如薑、紅雞蛋等等，喻意子孫繁衍。待賀誕結束，這些經過神靈祝福的「神物」、「福品」，會在花炮會的賀誕宴席中拍賣競投，作為來年經費。

二〇一八年東華三院慶賀油麻地天后誕（筆者攝）。

二〇一八年「花炮衝神」（東華三院提供）。

至於炮身就是神像或神靈的畫像。

　　「花炮衝神」是指花炮會成員把花炮橫放抬高，衝向神廟門前，向神靈行三鞠躬禮。這種儀式在香港其他天后廟仍有舉行，而油麻地天后廟因為早在 1914 年已被華民政務司委託廣華醫院以及後來的東華三院管理，廟宇各事以至酬神賀誕不再經油麻地坊眾組織，致令花炮會漸少。是次「花炮衝神」活動，「花炮隊」其實是由紮作師傅及其公司職員所組成。由此印證當華人廟宇委員會介入地方的廟宇後，以往由地方主導的酬神賀誕組織陸續退出，連帶神誕的活動也逐漸減少。

廣華醫院

　　九龍半島面積比香港島大，人口亦較多，但在 1911 年之前卻沒有一所醫院。1894 年肆虐香港的鼠疫並非只局限於太平山區或香港島，九龍半島也有多人染病甚至死亡。位於荔枝角的檢疫站（即現今的饒宗頤文化館），曾專門收容天花疫症病人，但在 1920 年代初被改建為荔枝角監獄。政府在 1911 年 8 月 24 日通過《1911 東華醫院擴充法規》（*Tung Wah Hospital Expansion Ordinance, 1911*）第 38 號法例，在油麻地撥地 123,500 平方呎，興建廣華醫院。

　　到底是東華醫院主動提出在九龍建分院，還是政府的意思？有學者指出，根據〈廣華醫院緣起〉所言，建立九龍分院是先由華人提出，然後獲政府大力支持。在整個籌辦過程中，其實政府相當積極；相反，東華醫院董事局較被動，尤其在募捐建設費一事上，撫華道（即華民政務司）不想以官方名義強人捐助，所以把籌募經費事宜交託東華醫院。加上有關廣華醫院的章程及規條，均由撫華道擬定後，才交予東華醫院董事局討論。醫院的籌備委員會在 1907 年成立時，亦是由政府委任一批商界及社會名人出任

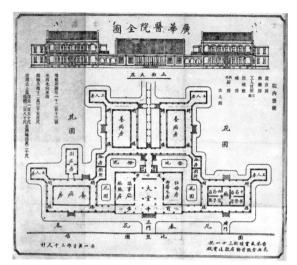

倡建總理，包括何啟、韋玉（1849-1921）、鄧志昂（1872-1939）、陳啟明（George Bartou Tyson，1859－1919）、周少岐（1863-1925）、劉鑄伯（1867-1922）等等。由此可見，在建立廣華醫院一事上，政府的角色舉足輕重，甚至可謂統籌了整個籌建過程。綜合上述資料，興辦廣華醫院有可能是政府的意思，東華醫院則負責執行政府的建議。

對比東華醫院，廣華醫院成立時香港的經濟環境較困難。東華醫院成立之際，得到當時洋行買辦、南北行商及各界商人支持。相比之下，廣華醫院就在動盪的時代下建院。先是鼠疫在 1899 年春重臨香江，1907 年又有天花在香港橫行。加上香港鄰近廣東省，革命黨先後發起多次起義，對香港的政局和經濟造成一定影響。幸得大批九龍半島的商舖、商人、坊眾慷慨捐助，各倡建總理也落力籌款，共得善款 145,000 多元，時任港督的盧吉（Sir Frederick Lugard, 1858-1948，任期：1907-1912）捐助 100 元，撫華道（即華民政務司）蒲魯賢（Arthur Winbolt

九龍坊眾祝賀廣華醫院成立所送贈的牌匾（東華三院提供）。

一九三〇年代的廣華醫院（東華三院提供）。

Brewin，1867-1946）也贊助 200 元，政府亦發放 30,000 元作開辦費，另每年撥出 6,500 元作為醫院的經費。不過，廣華醫院的建築費相當昂貴。由於政府撥出的院址是荒蕪山崗，需進行平整，單是該項費用已達 8,500 元，而整座醫院的造價就高達 139,340 元。經各總理及坊眾聚沙成塔，以及政府的特別撥款，最終籌得所需的款項。

開幕大典

醫院取名「廣華」，有說是指「廣東華人醫院」，印證了東華醫院名稱由來的其中一說。這所新醫院秉承了東華醫院贈醫施藥的傳統，有病房 8 間，病床 72 張，為九龍半島居民提供中西醫療服務。醫院大堂（即現今東華三院文物館）門前懸掛一副對聯，由首屆主席陳柏朋於 1911 年 7 月送贈：

憫蒼黎火熱水深喚我國魂起四百兆同胞痼疾

合中外良醫妙藥仗君佛手拯二十紀世界沉疴

丁新豹博士認為這副對聯的上聯語帶雙關，暗指四萬萬中國人因為滿清積弱，生活在水深火熱之中。無獨有偶，辛亥革命在 1911 年 10 月 10 日爆發，廣華醫院正好在革命爆發前一天開幕，這副對聯體現了身處殖民地的華人，對中國政局的關注。

觀當日開幕的大合照（頁 110-111），絕大部分總理及嘉賓均穿着長衫馬褂，本身是歐亞混血兒的應屆東華醫院主席陳啟明也不例外。陳啟明早年任職司法部門，其後從事鴉片貿易，1914 年開辦本港第二間華資銀行——大有銀行。他在 1910/1911 年度擔任東華醫院董事局主席。至於倡建廣華醫院主席何啟（其後的董事局成員稱為值理）就一如以往穿着西服。相片的中央是當日出席開幕禮的政府官員，包括港督盧吉以及撫華道蒲魯賢。

這張相片反映了二十世紀初本地華人精英身分認同的演變。迄至清末，官的身分已無助本地華人精英拓展其政治及社會影響力。尤其自 1905 年廢科舉後，傳統四民社會秩序逐漸瓦解，商人

油尖旺・廣華醫院

一九一一年十月九日廣華醫院開幕合照，前排正中帶帽者為港督盧吉，其側為撫華道蒲魯賢以及當年東華醫院主席陳啟明（東華三院提供）。

與軍人的地位愈來愈重要。然而，總理、值理不再穿着清朝官服，並不代表他們不再認同中國人的身分，否則他們就會像何啟般，剪辮穿西服。至於歐亞混血兒如陳啟明強調華人身分，揭示了他們在國族身分認同的兩難局面。

財赤與籌款

廣華醫院成立不久便出現財赤。醫院的建築費幾近花光政府的撥款和市民的捐款，可留待日後使用的資金有限。同時，醫院又要接管油麻地痘局和籌建水上醫局。二十世紀初油麻地有「三大醫局」，分別是公立醫局、水上醫局和油麻地痘局，除了公立醫局，其餘兩間均由東華醫院營運。1907 年起，天花在香港迅速傳播。東華醫院在 1908 向政府申請在堅尼地城開辦東華痘局，專門收容天花病人，在 1910 年落成啟用。九龍區的痘局則位於何文田山。自廣華醫院開辦後，九龍區的痘局交由該院管理，天花病人亦送入醫院診治。此外，廣華醫院在 1920 年起開

始為市民免費種洋痘，預防天花。

　　本來 1914 年政府把油蔴地天后廟的廟產及收入撥歸廣華醫院，惟天后廟值理陽奉陰違，久久未有交出廟產及廟宇的控制權。為了儘快開展各項服務，廣華醫院必須想辦法籌募經費。東華醫院每年均會向行會、商會籌募經費，又會在路經香港的火車、輪船以至海外華人會館等地放置緣簿勸捐。全體總理又會每年一度親自沿門勸捐；然而，在第一次世界大戰期間（1914-1918）則未有舉辦。另外，當時每位總理及勸捐值理均獲分發「勸捐部」或「緣部」，記錄捐款數目，情況有點像神誕或打醮，各值理分工籌錢的做法。總理有否交回勸捐簿、籌得多少善款等均會在報章刊登，可謂透明度極高，同時亦造成一定壓力。為建設水上醫局，總理又租用電船出海向漁民勸捐。

　　粵劇義演是另一種籌款方法。每年的「歡樂滿東華」電視直播籌款晚會，都會請來粵劇名伶獻唱籌款，這種演戲籌款方式原來已有上百年歷史。由於二十世紀初沒有互聯網、電視機、收音機，留聲機也只是有錢人的玩意，觀賞粵劇是市民大眾的主要娛

樂。1910 年，東華以演戲方式籌款，扣除開支後實收善款 7966.39 元。1913 年廣華醫院邀請戲班演出籌款，1918 年 7 月更在太平戲院舉辦通宵演戲籌款，由 13 日晚上起至 16 日，日以繼夜地演出，最終籌得 6,000 元。

順帶一提，廣華醫院的值理絕對是出錢出力。其實值理本人亦要捐錢，尤其廣華醫院開幕後不足兩個月便需要召開緊急會議，商討如何開源節流。作為值理之首的主席，更是責無旁貸，需要出錢出力解決醫院的財困。另東華董事局亦會補貼。由於廣華甫落成啟用已陷於財赤，令各人對醫院主席一職卻步，最終由首屆主席陳柏朋蟬聯四次。

市民大眾的捐獻更是東華及廣華醫院財政的重要部分。廣華醫院是一所中、西醫兼備的醫院，雖有計劃施贈中藥，惟連年赤字，致令醫院缺乏中醫藥基金。1922 年，一位不願透露姓名的婦人，屢次親自攜同捐款到東華醫院，希望幫助開展施贈中藥服務。在短短幾個月內，她共

一九八一年的「歡樂滿東華」海報（東華三院提供）。

新馬師曾（左四）在「歡樂滿東華」中之表演（一九八八年）（東華三院提供）。

一九六一年林家聲、白雪仙等為東華三院演出籌款（東華三院提供）。

一九六一年新馬師曾（左二）、鳳凰女出席東華籌款活動（東華三院提供）。

向東華醫院捐贈 50,580 元，這個數目遠超於當時港府每年資助廣華醫院的 15,000 元。東華醫院總理被婦人的誠意感動，於是發起募捐，籌逾 70,000 元，連同小婦人的捐款共逾 120,000 元。經東華醫院董事局通過，成立施贈中藥基金，又從基金中取出 60,000 元，購買位於油麻地新填地街 202 至 220 號地舖收租，作為施贈中藥的經費。1965 年，東華三院在中醫藥診所外設立「廣華醫院中醫門診所碑記」，簡述這位婦人慷慨捐輸、開展廣華醫院施贈中藥一事的始末，惟該石碑後來被毀。

東華與廣華

廣華醫院既隸屬於東華醫院，但創院的值理又與東華醫院總理不同，到底兩間醫院的關係是怎麼樣？先從法律角度討論，廣華醫院是根據 1911 年 8 月 24 日政府頒佈的《1911 東華醫院擴充法規》成立。法例列明廣華醫院是東華醫院的一部分。廣華醫院有自己的總理和董事局，

廣華醫院中醫門診所碑記（東華三院提供）。

人選可以跟東華醫院總理完全不同，但廣華醫院的董事例會必須由東華醫院主席主持，醫院的重要決定亦必須得到東華醫院董事局同意。而在廣華醫院落成之前，部分東華醫院的總理同時擔任廣華醫院倡辦總理。到醫院落成啟用，當時東華總理名單有陳啟明、梅介南、鄧仲澤、徐禮珍、黃屏蓀、周熾卿、張緝三、雷翊屏、黎秋潭、劉康讓、郭曦垣、李亦梅、李煒堂、許藉華、梁澍泉。至於廣華醫院的首屆值理就是另外 6 人：陳柏朋、梁植初、方建初、余植卿、崔秩山、香文。從職稱名銜而言，東華醫院的董事局成員稱為「總理」，而廣華醫院則稱為「值理」；而且東華醫院總理就職後的第二日，廣華醫院的值理才就職。此舉是要刻意表明廣華醫院從屬於東華醫院。從實際運作而言，東華醫院須保證廣華醫院能夠正常運作。如廣華醫院入不敷支，東華醫院便要負責其費用，而迄至 1927 年 8 月，東華醫院總共為廣華醫院墊支 32,000 元。所以，我們可理解為廣華醫院是東華醫院在九龍半島的分院，雖擁有自主權，但最終的決定權仍在東華醫院一方。

自 1920 年代初，廣華醫院積極爭取自主權。首先，廣華值理

效法東華醫院總理設緣部,向市民大眾募捐。繼而以九龍半島人口不斷增加為由,在 1920 年東華醫院會議上,要求增加值理人數,最終 12 名董事局成員中,有六分之五是來自九龍半島。另外,廣華的領導層原本稱為值理,用以區別東華總理的不同及從屬關係。不過在 1920 年代初,廣華的值理逐漸自稱為總理,而有關的改動,於 1926 年得到東華醫院的同意。最重要是廣華開始要求人事任命和財政權,尤其是物業和嘗產的控制權。廣華醫院爭取獨立自主的舉動,成為 1931 年三院統一的原因之一(將於下一章詳細介紹)。

廣華醫院檔案

2016 年東華三院文物館接收了廣華醫院共 1,249 冊醫療檔案,涵蓋從 1917 年到 1991 年該院的醫療紀錄,包括《入院總冊》、《出生紀錄》、《死亡總冊》、《出院總冊》、《產婦入院總冊》和手術室紀錄,是文物館館藏醫療檔案中

姓名	年歲	籍貫	住址	數 男女	經手人	病症	房號	出院時間
池榮富	卅四	東莞	由鄉來	男	自投	眼科		
池閏	拾捌	東莞	由鄉來	男女	自投	眼科		
池嬌	卅肆	東莞	由鄉來	女	自投	眼科		
葉氏嬌		東莞	由鄉來	女	自	眼科		

數量最多。以早期《入院總冊》為例，記載了入院病人的姓名、年齡、籍貫、住址、性別、經手人、病症、主診醫生、房號、出院時間，如果在院內去世，又會註明死亡時間。廣華醫院設有中、西醫，故《入院總冊》會列明病人是接受中醫還是西醫治療。此外，《入院總冊》又會列出醫院各病房的入住人數、中西醫的施藥數目、施棺數量以及醫院的度支等等。單就 1917 年的《入院總冊》所見，到廣華醫院求診人士來自四面八方，不僅有九龍半島的居民，住在新界荃灣的亦專程來到油麻地的廣華醫院求診。而且廣東地區如省城（即廣州）、海豐、惠州、新安和順德亦有病人遠道而來。例如丁巳正月廿三日（1917 年 2 月 14 日），祖籍東莞的池榮富（男，34 歲）、池閏（男、18 歲）、池嬌（女、54 歲）、葉嬌（女，46 歲），四人相信是同一家人，同患眼疾，由鄉下到廣華求醫。此外，尚有山打根的華人，專程到廣華醫院求診。各方人士前來廣華醫院，說明東華及廣華贈醫施藥的傳統，已傳遍省港澳以至海外華人社羣。至於病人從甚麼途徑入院？除了由親戚朋友送院，亦有「自投」者，即主動到來醫院求診，當中有不少標明

「無住所」，大有可能是單身貧困者。值得留意的是，有部分無住址的病人，是由潔淨局或「差館執街」時送院。大概是港府在整頓市容時，把這批流落街頭的病人一併送入廣華醫院。

東華三院文物館

1911 年落成的廣華醫院，除大堂之外，其左右及後方分別建有病房、割症房、中藥局、西醫藥局及辦公室，病房由最初的 8 間增至 14 間，分別以紀、綱、位、育、澤、沛、羣、生、如、意、吉、祥、富、貴命名，極具中國特色。惟醫院在 1958 年拆卸重建，只保留大堂，即今天的東華三院文物館。

文物館由中式青磚所建，配以金字瓦頂和木樑柱。中間的大堂，加上左右兩側偏廳，形成中式建築常見的對稱佈局，門前則有千步廊。大堂樓高一層，中央位置同樣供奉了神農氏。昔日求診的病人先到大堂登記，再等候到偏

一九五七年加建後的廣華醫院護士宿舍（東華三院提供）。

一九六五年重建完成之廣華醫院（東華三院提供）。

油尖旺・廣華醫院

廣華醫院重建工程前的東華三院文物館，攝於二〇一六年。（祺力高先生提供）。

文物館地下走廊天花的報紙殘件（祺力高先生提供）。

廳見醫生。隨着求診人士不斷增加，大堂不敷應用，於是左右偏廳在 1919 年加建了閣樓，令大堂變成兩層高的建築物。1970 年東華三院慶祝一百週年，舊醫院大堂正式命名為「東華三院文物館」，開始收集和保存與東華三院有關的歷史文物。文物館在 1971 年 1 月 15 日正式開幕。1993 年起對外開放予公眾參觀。2010 年，文物館地下走廊天花批盪剝落，露出部分 1908 年 12 月 1 日 *The New York Evening Journal* 的殘件，相信是當日建院時留下的痕跡，這份報紙亦佐證了廣華醫院大堂的百年歷史。東華三院文物館在 2010 年被政府列為法定古蹟。2016 年，廣華醫院正式進行大規模重建工程，已有過百年歷史的舊醫院大堂將繼續保留下來，迎接第三代的廣華醫院。

山東街水月宮

　　水月宮即觀音廟。觀音源自印度梵文 "Avalokitesvaśa"，傳入中土後曾譯作「光世音菩薩」、「觀世音菩薩」、「觀自在菩薩」等。觀音本是男相，傳入中土後逐漸轉化為女神，其形象以慈悲見稱，是普渡眾生、救苦救難的菩薩，亦是女性求子的神祇。觀音廟取名「水月宮」，因為水和月有清靜、脫離塵俗之意，而且比喻世事變幻無常。除旺角山東街，長洲、鴨脷洲的觀音廟也稱作「水月宮」，至於太平山街的則名為「水月觀音堂」。

　　旺角水月宮原本位於九龍塘窩打老道與亞皆老街交界處，土名「大石鼓」（「鼓」亦作「古」，即現今加多利山一帶），所以廟宇又有「大石鼓廟」或「大石古水月宮」之稱。水月宮由芒角（即現今旺角）、何文田及其他附近的客籍鄉民興建。1819 年的嘉慶版《新安縣志》，已有芒角村的記錄，可以推論早在十八世紀已有這條鄉村。根據許舒（James Hayes）的研究，雖然芒角村與何文田村同屬客家聚落，但後者是較遲才形成的。這兩條村均屬雜姓村，當地的客家人互相通婚之餘，更會跟本地、鶴佬人通婚，造就九龍半島成為多種方言的地方。

油
尖
旺
·
山
東
街
水
月
宮

　　水月宮大約建於 1884 年。廟內的銅鐘鑄有「光緒十年」字樣，由此推論在 1884 年水月宮經已存在。該廟曾在 1894 年重修。1926 年，政府為了發展九龍半島需要擴建道路，必須搬遷水月宮。初時政府撥出近彌敦道的地段，其後又以上址不適合建廟為由，改撥山東街 1974 號現址，並且補償 6,000 元建築費。1928 年華人廟宇委員會把水月宮交廣華醫院負責重建及管理，而日常廟宇的打理，則每年以競投方式選出司祝負責。

痘局與義山

　　早在接管水月宮之前，東華及廣華醫院在二十世紀初，已於油麻地何文田山一帶留下足跡，一切又是從疫症開始。如前所述，何文田是客家村，1897 年只有 297 人，1901 增加至 362 人，1911 年又回落至 296 人，原因之一是二十世紀初發展九廣鐵路，何文田村正位於鐵路範圍之內，所以大部分村屋在 1906 年已被拆毀。1907 年

香港受天花侵襲，為對抗疫病，東華醫院擬在何文田興建天花醫院，建議獲紅磡、尖沙咀、油麻地及九龍城的商戶支持。政府於是以每年一元的象徵式租金，批出何文田山 30,000 平方呎土地予東華醫院興建油麻地痘局，至於建築費則由東華醫院、商戶及坊眾負責。痘局在 1911 年啟用，由當時新開幕的廣華醫院管理。廣華醫院又向政府申請在何文田修建義山，把天花死者以及該院身故的病人安葬此處。所以，在 1921 年政府刊憲把何文田闢作公共墳場（即九龍一號、二號和三號墳場）之前，廣華醫院已在上址設置義山。自從 1920 年起廣華醫院為公眾免費接種洋痘，天花患者數目大減，病人亦轉到廣華醫院接受治療，油麻地痘局的使用率下降，廣華醫院遂撤銷痘局，把物業出租予台山電光炮廠。其後爆竹廠在 1921 年 2 月 25 日發生爆炸，釀成 32 死 56 傷，油麻地痘局遺址亦在是次爆炸中焚毀。隨着九龍半島發展，政府自 1938 年起禁止在何文田埋葬死者。1950 年，政府設立鑽石山義山，東華三院遂於 1958 年把何文田義山的骨殖，連同柴灣、牛池灣、茶果嶺等義山的骨殖，遷葬至上址的東華義山。

「大石古廟」

水月宮原本是一座以石塊建成的廟宇。根據網上流傳舊照片以及許舒所做的訪談紀錄，廟前有麻石砌成的牆（有可能是影壁，用以擋剎），由於水月宮建於大石之上，善信需從左或右方上行 30 級樓梯才可到達廟宇。1871 年的《香港藍皮書》(*Hong Kong Blue Book*) 提到，九龍半島有超過 80 個石礦場，而在十九世紀末，大角咀就有不少石礦場，加上當地住有客家人，而他們當中有不少從事打石業，所以原來的水月宮以石材建成，不足為奇。

據悉搬遷之前的水月宮香火鼎盛。廟宇在 1908 年進行過大規模修繕，當時除了芒角、何文田的村民，油麻地的店舖也踴躍捐款。而每年農曆三月十九日的觀音誕，村民更會大肆慶祝，既請來喃嘸先生做醮，又會上演「神功戲」。但自從廟宇搬遷後，使廟宇遠離原來的社區，何況芒角村和何文田村早已因城市發展而遷拆，令廟宇和原本的社區完全割裂，昔日由村民組織的誕醮活動，因為社區

的消失而不再舉行。

　　搬遷至山東街現址後的水月宮在 1927 年落成啟用，1928 年
華人廟宇委員會委託廣華醫院管理至今。查廣華醫院不會直接派
人管理廟宇的大小事務，而是透過競投方式，以價高者得的方式
批出司祝管理權，處理廟中日常事務，同時獲授權在廟內售賣香
燭，為期一年。以 1949 年為例，陳生就以每月 88 元投得水月宮
司祝一職。1931 年，東華醫院、廣華醫院及東華東院正式統一為
東華三院，因此水月宮改由東華三院管理至今。

　　水月宮屬二進三開間的小型廟宇。主殿除供奉觀音以外，
亦配祀包公、龍母及六十花甲太歲，同時供奉了阿彌陀佛及地藏
菩薩。左右兩側的廂房分別是書院及公所，是昔日坊眾商議的地
方。水月宮現已被列為三級歷史建築。2016 年 2 月 7 日，水月宮
發生火災，之後進行修繕工程，並於 2018 年 9 月初重新開放，並
由東華三院直接派駐職員管理。

搬遷後的水月宮正門（東華三院提供）。

二〇一八年九月重修後的水月宮（東華三院提供）。

洪聖是南中國沿海漁民信奉的海神，相傳為唐朝（618-907）廣州刺史洪熙。自唐朝起洪聖已受到皇朝政府的敕封。位於九龍大角咀福全街 58 號的洪聖廟，何時建成已不可考，從廟內保存的光緒七年（1881）銅鐘估計，該廟在當時已經存在。大角咀洪聖廟遠離海邊，又沒多少漁船或漁業的痕跡。為何會在此處建洪聖廟？如同水月宮的情況，洪聖廟是於 1930 年搬遷後才屹立於現址。洪聖廟建於離海邊有一段距離的地方，皆因該廟在 1920 年代才遷到現址。如要探究該廟的歷史，首先要掌握大角咀一帶的地區變化。

從沿海到內陸

大角咀位於九龍半島西邊的岬角，其內灣是個天然屏障，所以吸引漁船停泊。至於原來洪聖廟所在地福全鄉，位於今天界限街與黃竹街交界，村民以耕種、打漁維生。綜合以上資料，大概最初洪聖廟是由附近的水陸居民興建。

英國接管九龍半島後，計劃把大角咀發展為工業區。建設九龍

半島需要大量石材，而大角咀西面是山崗，於是吸引了打石工人在此聚居，形成了大角咀村。大角咀是繼紅磡後另一個設在九龍半島的船塢。由於石礦場在船塢範圍之內，礦場被逼結業。原本的客籍打石工人陸續遷出；不過，船塢卻吸引大批工人到大角咀居住，令人口不斷增加。據1897年政府人口統計，大角咀有人口2,101人，船塢的人口為618人，而鄰近的福全鄉有806人。1901年，大角咀人口增加至3,551人，而福全鄉就有1,193人，整個地區的人口增幅為34.58%。從1930年廟宇重建時獲贈的「深水埔黃埔船澳弟子」區額，可見在世紀之交，洪聖廟的信眾不僅有當地的水陸居民，還有一批在大角咀工作的船塢工人。

洪聖廟遷離福全鄉，也是因為城市發展。二十世紀初，政府重新規劃九龍半島，把福全鄉劃為獨立區域，與油麻地、大角咀、芒角分開。在1911年的街道名冊中，福全鄉附近就新增了三條街道，分別是重慶街、福州街和

牛莊街。1923 年，政府進一步把福全鄉與深水埗新填海區之間的多座小山夷平，同時把重慶街、福州街和牛莊街整合為福全街，成為大角咀的主要街道。1920 年代末，新修築的福全街興建了十多幢高三、四層的樓宇，而且租金頗為廉宜。

由於洪聖宮阻礙馬路修建，需要遷移。如同處理水月宮的方法，政府引用《華人廟宇條例》把洪聖宮交由廣華醫院管理。據〈重建大角咀洪聖廟碑記〉所述，當時政府在福全街闢地千餘呎重建廟宇，另補償建築費 2,000 元。惟廟宇建築費逾 6,000 元，廣華醫院及坊眾要設法籌募其餘的款項。有別於油麻地天后廟重建時有大量商號、個人以至其他地方的捐款，支持洪聖廟重建的捐款者或團體只有 14 個，包括幾間公司或商號，如棉藝織業公司、陳基記、必得勝藥行、樊炳有公司和藝昌爐廠。從捐款者名單，加上前文提及的「深水埔黃埔船澳弟子」匾額，可見 1920 年代末的大角咀已蛻變成工業區。

洪聖廟主祀洪聖大王之餘，更配祀何仙姑、觀音、女媧、包公、北帝、地藏以及黃大仙。每年農曆二月廿三日為洪聖誕，昔

日曾有盛大慶祝活動，但因為鄉民陸續遷走而逐漸淡化。

自 1928 年起，洪聖廟交由廣華醫院託管。廟前的百年老樹，過往是善信焚香許願的熱點。為保護這株百年許願樹，東華三院在樹幹四周加設鐵欄，善信可以把心願咭放於竹筒內，再掛在鐵欄上。此舉既可繼續讓善信許願祈福，又可避免破壞許願樹。大角咀洪聖廟被古物諮詢委員會評為三級歷史建築。

大角咀廟會

為發展本地旅遊業，自 2005 年起旺角街坊會以洪聖廟為中心，舉辦大角咀廟會。廟會原訂於農曆二月廿三日洪聖誕舉行，其後則固定於每年 3 月第一個星期日，節目包括特色攤位、巡遊表演、夜光龍、千人盤菜宴等，而且每年均有不同主題，惟上述節目其實與洪聖沒多大關係，說穿了又是城市發展以及《華人廟宇條例》造成廟宇和原本社區分離的結果。

二〇一一年大角咀廟會（筆者攝）。

九龍殯葬故事

　　提到東華在九龍的殯葬故事，相信大家必定會猜到，以下將會談到萬國殯儀館和鑽石山殯儀館。在開講之前，先要弄清楚長生店和殯儀館的分別。長生店是賣棺木和代客辦理喪事。殯儀館則提供地方舉辦喪禮，1960 年的《殯儀館（市政局）附例》更規定，殯儀館必須備有冷藏屍體的殮房；不過，殯儀館亦會代辦喪事。

　　正如第一章所言，早期香港較富有的華人身故後，喪禮大多在家中舉行，而代辦的就是長生店。至於家境普通以至貧窮無依者，東華可幫忙辦理後事。當時東華轄下的醫院均可讓死者家屬在醫院進行簡單告別儀式，再運到墳場下葬。東華又會資助貧窮家庭的殯葬費用，令死者不會因經濟困難而被草草下葬。

　　由於東華三院提供殮葬資助，屬下的醫院又會邀請長生店輪流值日，加上醫院本來就是生老病死的場所，導致大批長生店在醫院附近開業。因此，戰前在上環、灣仔以及九龍油麻地一帶就有不少長生店。據 1927 年《華字日

一九七〇年代初北角海堤街的萬國殯儀館內設東華三院殯儀館（東華三院提供）。

報》記載，單是油麻地已有 11 間長生店，即使在戰後 1947 年，香港島 6 間殯儀館當中，有 5 間都是在灣仔區。時至今日，在上環荷李活道以及油麻地砵蘭街，仍有數間長生店營業。

殯儀館在 1930 年代後期才興起。本港首間殯儀館名為香港殯儀館，但不是位於北角而是在灣仔。原來的香港殯儀館由洋人創辦，位置大概是今天灣仔修頓球場附近，後遷往灣仔道與德仁街交界。1950 年，殯儀大王蕭明（1914-1986）收購香港殯儀館，1963 年把殯儀館遷建北角現址。蕭明的祖輩已經營長生店，他 18 歲接手家族生意，戰後積極發展本港的殯儀業，而且惠及東華三院。

戰前使用殯儀館發喪的主要是洋人，華人甚少租用殯儀館。只有路經香港或作短暫停留的華人，因居無定所，加上親朋戚友不在此處，才會選擇在殯儀館舉殯。例如，前北大校長蔡元培的喪禮就在灣仔摩利臣山道的福祿壽殯儀館舉行。

1950 年代後期，殯儀館開始普及，其中一大原因是人口上升。重光之際，香港只有 60 萬人，但到 1946 年已上升至 90 萬，

到 1951 年更倍增至 230 萬。為對應人口急速上升，政府放寬樓宇高度限制，1955 年 12 月後新建樓宇的高度可達至 100 呎或 26 層。換言之，在家中發喪，再於屋外搭棚把棺材運到地面已不可行，於是喪禮逐漸移師到殯儀館舉行。

東華醫院在落成啟用之前已提供施棺殮葬服務。最初是處理墳墓街（即後來的普仁街）的白骨，騰出地方興建醫院。後有 1874 年的甲戌風災，以及 1918 年的馬場大火，東華醫院均參與善後工作，處理死難者遺體。東華醫院又會為貧苦無依者施棺殮葬，東華義莊更是全球主要協助海外華人死後返回原籍安葬的慈善機構。

直到 1970 年代，東華三院正式開拓殯儀服務。當時港府重新規劃城市發展，把紅磡部分沿海土地劃作殯儀設施用地，又新增鑽石山、紅磡、哥連臣角三處開辦殯儀館，增加了殯儀業的競爭，東華三院受惠於上述政策，逐漸開展殯葬服務。1970 年，蕭明以 900 萬元收購位於北

角的萬國殯儀館，並提議東華三院拓展殯儀服務，既可惠及貧富大眾，又可充裕庫房。於是在 1971 年 6 月，蕭明把萬國殯儀館 5 樓租予東華三院，以非牟利方式營運，為期兩年，取名「東華三院殯儀館」。同年年底，廣華醫院把院內的殯儀廳改建為油麻地殯儀館，同樣以非牟利方式經營，直到 1978 年結束。雖然位於北角的萬國殯儀館在 1973 年 6 月拆卸，但在前一年（1972 年）東華已獲政府撥地興建鑽石山殯儀館，在 1977 年投入服務，新館的設備和工作人員全部來自油麻地殯儀館。1980 年，東華三院於紅磡自資興建殯儀館，並得到蕭明首肯，使用「萬國殯儀館」的名稱，更獲他捐助 100 萬元建築費。2018 年 12 月，東華於紅磡再增辦一所殯儀館，名為「寰宇殯儀館」。

東華三院所辦的殯儀服務，免除中介人佣金，有助降低收費。而且延續了東華施棺代葬的傳統，屬下的萬國殯儀館和鑽石山殯儀館，為綜援家庭以及有經濟困難的喪主，提供廉價甚至免費喪葬服務，讓各個階層的死者都可以有尊嚴和體面地走完人生最後一程。

油尖旺・九龍殯葬故事

一九七一年位於廣華醫院旁的東華三院油麻地殯儀館（東華三院提供）。

鑽石山東華三院第三殯儀館草圖（東華三院提供）。

灣仔區

　　根據 2018 年 18 區的行政劃分，灣仔區包括灣仔、灣仔北、銅鑼灣、跑馬地、渣甸山、司徒拔道、黃泥涌峽和大坑。灣仔區議會的網頁對該區簡介如下：

> 灣仔位於香港島北岸中央位置……灣仔最初是一個小漁村，後來逐漸發展成為簡樸的住宅區，現時已成為香港的商業、會議、展覽、文化、體育、娛樂及購物中心，亦是港島的交通樞紐、東西南北交通的交匯點。

　　回溯英國人佔領港島之前，灣仔其實是個小海灣和小漁村，因而名為「灣仔」。自英國人登陸後，對灣仔帶來翻天覆地的變化。開埠初年，英國人埋首建造維多利亞城，灣仔就屬於城東邊陲地帶。十九世紀中，寶順洋行（Dent & Co.，又作顛地洋行）的東主顛地（Lancelot Dent，1799-1853）在今天灣仔道至大王東街的位置，興建私人府邸「春園別墅」。由於別墅內有一小湖，水源引自石水渠街，所以名為 "Spring Garden"。除卻洋商的府邸，灣仔海傍還修建了倉庫（現今汕頭街和廈門街）、碼頭（船街）和船塢（麥加力哥街）。1860 年代後期，倫敦、上海以及香港的顛地洋行相繼倒閉，「春園」消失，只留下春園街的街名。

　　兩次大戰期間，灣仔成為了日僑的聚居地。當時有大量日人到港經商，在灣仔開設各式各樣的店舖。根據 1920、1930 年代的數字，中環和灣仔海傍有日資店舖 42 間，當中包括鐘

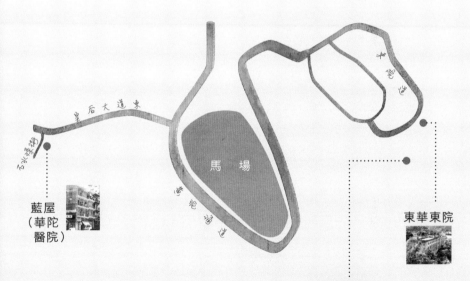

皇后大道東

石水渠街

馬　場

黃泥涌道

藍屋
（華陀
醫院）

東華東院

馬場先難友
紀念碑

錶、珠寶、金飾店等高消費品的商店，上述數字尚未計算日式妓院和料理店。日治時期，日軍戰艦停泊在中環至灣仔一帶海岸，加上原本灣仔已聚居了不少日本僑民，使灣仔有「小東京」的稱號。

經歷多次填海，灣仔的海岸線不斷向北伸展。1841 年灣仔的海岸線約在今天的皇后大道東附近。經填海後，新的海岸稱為海旁東（Praya East），即今日的莊士敦道。1922 年，灣仔進行大規模填海工程，新造出來的土地修築了軒尼詩道、駱克道等街道，而海岸線則再向北推前到今天的告士打道。1965 至1972 年，港府又在灣仔大規模填海，會議道、灣仔碼頭成為了新的海岸線。政府把告士打道以北的區域列為「灣仔北」。為舉行香港主權移交大典，1994 年，灣仔海傍對出建造人工島興建會議展覽中心二期（新翼）。2011 年，政府展開灣仔發展計劃第二期，灣仔北至北角現有的海岸線將平整為土地，用作興建中環灣仔繞道，同時為港鐵沙中線預留車站用地。經歷多次填海工程，灣仔無復小海灣的地貌，而原本彎曲凹凸的海岸線，變成了近乎筆直的海傍公園。

灣仔以東的銅鑼灣同樣是漁港。清朝廣東地區的沿海圖有一個地方稱為「紅香爐」，泛指香港島，但真正的紅香爐其實是銅鑼灣天后廟。該廟由姓戴的客家人輪流管理，是少數沒有被華人廟宇委員會接管的廟宇。天后廟附近是大坑老圍，即今天的大坑，是一條雜姓村，村民主要種植稻米。1880 年，大坑出

現一條大蛇，村民把蛇打死後，卻發生瘟疫，有老村民獲仙人報夢，指打死巨蛇一事冒犯神明，所以降禍予村民。於是村民用草紮成一條龍，在上面插滿長壽香，於中秋節當晚在村中及街道巡迴舞動，希望消除神明的怒氣。舞火龍後，瘟疫慢慢消失。自始，村民一直維持此習俗，每年中秋節前後，都會在晚上舞火龍。2011年，大坑舞火龍被列為國家級非物質文化遺產。

位於黃泥涌谷的跑馬地，因馬場而得名，但該處的英文本名是"Happy Valley"（快活谷），意思並非指因賭博贏錢而快活。早在開埠初期，該處因為較潮濕，加上臨近山邊，不適宜居住，所以闢作墳場，成為死後的樂土，所以取名「快活谷」。

概言之，誠如區議會網頁所指，灣仔區集合了「商業、會議、展覽、文化、體育、娛樂及購物中心」。自開埠以來灣仔一帶已有相當的人口，醫療需求大，促成了華陀醫院、集善醫所以至東華東院先後在灣仔區成立。

華陀醫院

今天人所共知的香港古蹟「藍屋」，前身為建於同治丁卯年（1867）的華陀醫院，比 1872 年落成啟用的東華醫院還要早。華陀醫院的設立，說明了十九世紀後期，本地華人對中醫需求殷切之餘，亦佐證了維多利亞城東邊陲地區有不少華人居住。雖然今日的華陀醫院變成了留屋留人的「WE 嘩藍屋」，但在過去的百多年間，華陀醫院的舊址仍斷斷續續用作中醫用途。

灣仔街坊醫院

同為十九世紀本地華人籌建的中醫院，華陀醫院與東華醫院有着不同的待遇。早在爆出廣福義祠醜聞之前，政府翻譯員范亞為（Fan A-wye）向政府申請在太平山區興建華人醫院（即華陀醫院），但遭政府以該區地皮貴重為由拒絕，幾經波折後最終在灣仔石水渠街建立中醫院。這間只有門診服務的灣仔街坊醫院又名華陀醫院，在 1867 年投入服務。

醫院以華陀（145-208）命名，因為他是中國史上的神醫，《後漢書》、《三國志》等史籍均有記載其事蹟。醫院安放了一尊華陀像，供附近的善信參拜。但自從東華醫院成立後，華佗醫院需求下降，故去信東華要求合併不果，最終在 1886 年關閉。

華陀醫院的經費是依賴坊眾捐獻。1881 年的《循環日報》曾報道華陀醫院挑選醫師的方法，這段由該院值理發報的新聞指出，豬肉行每年均贊助 120 元作為聘請醫師的費用。受聘者除卻要醫術高明，還要得到神明眷顧。當年的農曆正月廿八日，36 位有意應聘的醫師先到華陀醫院卜杯，取得最多勝杯的 5 位醫師，才可進入第二階段的中醫學考試。各人完成答題後，把答案呈於神前再卜杯，得最多勝杯者便可獲聘。當年受聘的是年逾六旬的查封翊醫師，他的答案共取得 6 個勝杯。

從醫院到廟宇

華陀醫院關閉後，原本在內供奉的華陀像仍留在原址，而且不時有善信到來參拜。於是，上址便改建為華陀廟，直至 1920 年代

初，有商人買入華陀廟所在的兩層高物業，拆卸重建，廟宇因而在 1922 年關閉。華陀醫院原址新建成四幢四層高的唐樓，在 1925 年落成，按照當時地政署的門牌編號是 72 至 74A，這就是今天所見的「藍屋」。

這一列唐樓屬於下舖上居式設計，是本港第二代的唐樓，符合十九世紀末鼠疫後所訂定的建築標準，即樓宇不再是「背對背」，而是並列成排，每兩幢樓宇共用一條木樓梯，名副其實的「一梯兩伙」。單位內有一定的衛生設備，而且有足夠的窗戶作透光和空氣流通等用途，面向石水渠街的單位更設有小陽台。

華陀廟在石水渠街 72 號新建成的唐樓地舖「重建」。今天尚可看到重建後的華陀廟建築結構和外牆裝飾：雖然是鋼筋水泥建築，但裝飾加入了中式廟宇元素，大門特意加上簷頂，並鋪上琉璃瓦片，簷頂又仿照中式廟宇的屋脊，有寶珠、鰲魚等裝飾物。門楣和門旁安放華陀醫院的舊石匾，門的兩旁有一對石聯：

譙縣表良醫名高東漢

香江崇永祀惠及南天

意思大致是原籍東漢沛國譙縣（即現今安徽省）的華佗，醫術高明並恩澤華南。

武館、跌打醫館

重建後的石水渠街唐樓迎來了一位武林高手 —— 林世榮（1861-1943），並且延續了華陀醫院的醫療功能。人稱「豬肉榮」的林世榮，是聞名省港澳的一代宗師黃飛鴻（1847-1925）的徒弟。林氏因為在國內犯法，被清政府通緝，因此移居香港。1943年，林世榮在華陀廟舊址開設武館，取名「林世榮健身學院」，教授少林洪拳。同年，林世榮在武館去世，侄兒林祖（1910-2012）之後繼承武館。

1960 年代，華陀醫院的舊址變成了跌打醫館。林祖於 1960年代在 72 號地舖增設跌打醫館。由於跌打醫館的招牌過大，原來華陀醫院的石匾和石對聯被完全遮蓋，醫院的歷史因而被人逐漸

遺忘。林祖其後在旺角另闢新館，其子林鎮顯繼續使用舊館，惟林鎮顯早逝，跌打醫館現由遺孀陸麗燕主理。

　　由於石水渠街 72 號地下以及鄰近的單位盛載了獨特的歷史故事，被古物諮詢委員會列為一級歷史建築。藍屋是第二期活化歷史建築伙伴計劃項目之一，由聖雅各福群會投得，開展「WE 嘩藍屋」計劃。此計劃的重點是留屋留人，在不遷出原有居民的基礎下，在原址開設故事館、社企食肆，以及組織社區經濟互助社，保育與發展原本社區的傳統生活智慧與文化。活化後的藍屋在 2017 年獲聯合國教科文組織頒發亞太區文化遺產保育保護獎最高榮譽的卓越大獎。

東華東院

自從華陀醫院在 1886 年關閉後，灣仔、銅鑼灣一帶的醫療服務幾近真空。及至 1921 年，灣仔的商戶與街坊創辦集善醫所，惟開辦不到一年已出現財赤，遂函請東華醫院接辦。幾經轉折，東華於 1929 年在銅鑼灣掃桿埔建立東華東院，並接收集善醫所。

正如本章的簡介提到，十九世紀的下環（即灣仔一帶）是維多利亞城的邊緣，但不代表當地人跡罕至。相反，灣仔、銅鑼灣既是漁港，亦是華洋混雜的地方。開埠初期，灣仔已有傳教士的足跡。法國沙爾德聖保錄女修會於 1848 在灣仔山邊搭建茅寮開設育嬰堂，其後在灣仔海傍皇后大道東建立聖童之家（*L'Asile de la Sanite Enfance*），內設修院、初學院、孤兒院、育嬰院、寄宿學校、醫院、療養院和藥房。第一次世界大戰期間，修會購入原屬怡和洋行的棉花廠，並改建成今天在銅鑼灣東院道二號的聖保祿女修會建築羣。由此可見，十九、二十世紀的灣仔、銅鑼灣一帶並非荒蕪之地，而是有聚落、民居、工廠、貨倉及

商舖的地方。人口密集，對醫療服務有一定的需求。但由教會所設的法國醫院（今聖保祿醫院）以及後期設置的公立醫局只提供西醫治療，要求設立華人中醫院的聲音日漸壯大，集善醫所就在此背景下產生，最終促成東華東院在 1929 年成立。

集善醫所

集善醫所又名下環集善醫社、集善醫院，位於皇后大道東 98 號地下，在 1921 年落成啟用。一羣善長鑑於灣仔沒有中醫院，而上環東華醫院又太遠，貧苦大眾難以承擔交通費用，而且當時的本地華人仍然不信任西醫，故此去信華民政務司要求建立中醫院，並發動下環坊眾籌款建院。醫所在 1921 年 7 月 27 日啟用，有兩位中醫師駐診，不收分文，並且向貧民施藥，自開辦三個月以來，共診治 10,527 人（男 4,085，女 4,185，小童 2,257），施贈中藥 8,741 劑。集善醫所的形式仿似東華醫院，但規模卻細小得多，更像一間中醫診所。

籌辦初期，集善醫所便提出納於東華醫院名下。在 1921 年 10

月該院成立後的第二次大會上，臨時主席何世光（1886-1974）重申「建院容易養院極難」，坊眾雖然熱心籌建醫所，但年中經費並非小數目，動輒數十萬元。何況當時港府仍未落實批地建院，遂建議仿效廣華醫院的做法，把集善醫所附設在東華醫院名下。萬一遇到經濟困難，亦可透過東華醫院向政府請求津貼，以及向全港市民募捐。何氏的建議獲與會者一致贊成，遂函請東華醫院當年總理與集善醫所的籌建專員相討合作事宜。

惟 1920 年代初的東華醫院面對各方挑戰，未有即時答允接辦集善醫所。早在 1921 年 10 月初，即集善醫所啟用不足四個月，東華醫院便接獲集善醫所要求接收的來函。當時東華醫院主要的考慮是財政負擔，皆因仍要負責廣華醫院的經費。同年 12 月，集善醫所再去信東華，表明會自行籌募經費，毋須花費東華分文。1925 年 4 月，東華醫院議決接辦集善醫所，但卻遇上不少困難。首先，在 1922 至 1925 年間，東華醫院疲於應付海員罷工和省港

大罷工；工潮過後，又忙於國內籌款賑災活動，無暇處理接辦集善醫所一事。其次，集善醫所的原址地方細小，不便擴充，需要另覓新地方。初時政府擬批出灣仔公立醫局附近地方，但只有數千呎，地方不足；其後又打算撥出天后廟一帶土地，但遭到附近商戶、業主、居民，甚至廟方反對。之後政府擬撥出掃桿埔一幅100,000呎的土地建院，惟考慮到灣仔不斷發展，醫院若建於此，日後將無法擴充。最後港府撥出掃桿埔近「快活谷」156,500呎土地興建新醫院，使東華東院成為戰前東華三間醫院當中最大的一所。政府又協助修築附近道路，以及每年提供10,000元津貼。東華東院的建築費逾300,000元（建設費155,000元，額外工程費用160,000餘元），各總理分頭沿門勸捐，未幾已籌得所需款項。

　籌建東華東院期間，有總理想到組織女子幹事團，借助女界的力量為醫院籌集善款。末代科舉進士、前清遺老賴際熙（1865-1937）遂揮筆寫下〈籌建東華東院組織女子幹事團勸捐小引〉。東華總理想到成立女子籌款隊，有可能是受到1922年隱名婦人捐款義助廣華醫院施贈中藥一事啟發。事實上，自五四運動和第一次

賴際熙〈籌建東華東院組織女子幹事團勸捐小引〉

　　蓋聞人之行善，以周急為先，而人之所急，以患病為其甚。病而兼貧則尤急，而又急君子所亟當周濟，所以醫院之設，邇來日增月益，咸視為當務之急也。香港之有東華醫院，創設已五十餘年，其拯救苦厄施濟貧困，數逾億兆，實惠普偏[遍]，義聲洋溢，人所共知，無待贅述。當年建院擇地本甚適，但今日商業愈盛，居民愈緊，拓地愈□，港東一帶，遂成偏遠，待拯之眾，恆苦隔閡，曾經倡議建設分院于東隅。今夏承政府厚意，撥給掃桿埔吉地十五萬餘尺為建院之用，政府既俯恤民艱，施此嘉惠，吾人當仰體憲意，成就宏規。秋初倡辦諸君，發策籌資，沿門募助，港中紳富，願力宏大，輸將踴躍，所集款額，實為優厚。惟是醫院之益，男女同受；濟人之事，男女同心。況方今女學昌明，女德興盛，為家庭立業，固當男女相維，謀社會利益，尤當男女共力。男子已提倡于前，女子當助成于後。故某等組織女子幹事團，廣求女界伙助。自古慈愛之性，女子為更優，今日扶持之力，女子亦不薄，稍節奢靡之費，以為救濟之需；略搜篋笥可儲，已滿徵求之願。眾材建廈，集腋成裘，其事易舉，其惠至周，人之欲善，誰不如我。廣資河潤，足增閨閣之光；更望□從，不落鬚眉之後。至於行道有福，作善降祥，更可良賢媛操券而獲者矣。是為引。

東華東院成立後

集善醫院仍存在　（本報特訊）

世界大戰以來，中外婦女爭取女權之聲音不絕。東華在 1930 年代亦愈加倚重女性幫助籌款，除卻上述的女子幹事團，東華三院在 1935 年 1 月 23 日發動女生賣花籌款，參與籌款的女生來自德嬰女中學、正風女中學、聖保祿漢文女中學、麗澤女中學、梅芳女中學、鑰智中學、大中女中學等，東華東院和廣華醫院休班女護士生亦加入義賣行列。是次活動共籌得 2,002.15 元。不論是隱名婦人、勸捐女子幹事團，還是參與賣花的女生，均反映 1920、1930 年代本地婦女已愈見活躍於社會公領域。

　　東華東院成立後，原集善醫所的慈善事業未有停止，照舊辦理，一切款項則直接由東華東院支付。從要求東華醫院接辦集善醫所一事可見，戰前港府只承認東華醫院作為華人慈善團體的代表，而贈醫施藥又是東華的傳統，所以港府無意資助灣仔坊眾籌建醫院。可見戰前東華醫院在香港華人社會的重要性。

開幕大典

東華東院在 1929 年 11 月 27 日開幕。當日出席開幕禮的 700 多位嘉賓大致可分為三類：政府官員、東華各醫院總理、值理，以及各界代表。政府代表有港督金文泰伉儷、輔政司修頓（Sir Wilfrid Thomas Southorn，1879-1957）、華民政務司夏理德（Edwin Richard Hallifax，1874-1950）、工務司祈禮士（Harold Thomas Creasy，1873-1950）、警察總監胡樂甫（Edward Dudley Corscaden Wolfe，1875-?）、副監經亨利（Thomas Henry King，1884-1963）、潔淨局總巡嘉厘、郵務司士蔑夫（N. L. Smith）、陸軍司令山地倫（Major-General James Walter Sandilands，1874-1959）、普樂爵士（Sir Henry Edward Pollock，1864-1953）、定例局紳布力架（José Pedro Braga，1871-1944）等。華人代表方面，有周壽臣（1861-1959）、羅旭龢（Robert Kotewall，1880-1949）伉儷、曹善允（1868-1953）、何東（Robert

Ho Tung，1862-1956）伉儷，另外，華商總會、潔淨局、廿四行商會、團防局、保良局等均有派代表出序，可謂官紳商雲集，盛況空前。

開幕儀式在東華東院門外舉行。院方在門外空地搭建竹棚作典禮之用，另外在醫院正門的草坪搭建台階方便嘉賓拍照。由於當日出席的嘉賓眾多，所以要移師戶外拍照，有別於廣華醫院開幕時在室內大堂留影的做法。

再細看這張大合照（頁 160-161），除了人數眾多之外，更值得注意是相中出現了婦女和小孩（例如，一個男孩站在前排右方，另一個由第四排左起第七位女士緊抱）。前文曾提到，不少到賀的嘉賓攜眷出席，包括時任港督的金文泰、何東和羅旭龢等。再對比 1911 年廣華醫院的開幕照片，當時的港督盧吉以及撫華道蒲魯賢既沒有攜眷出席，更遑論拍照留念。由此反映了二十世紀初女性地位的變化，女性不再是留守家中做賢妻良母，她們會陪同丈夫出席官式及公開場合，遊走公領域。這種轉變與五四運動以來提倡女性解放，以及西方在第一次世界大戰後女性爭取政治參與

一九二九年東華東院開幕時的大合照（東華三院提供）。

灣仔區　·　東華東院

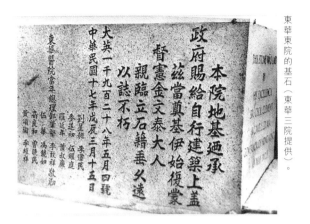

權不無關係。加上二十世紀被喻為「兒童世紀」，所以兒童陪同父母出席公開場合的機會也漸漸增多。

另一個要留意的是嘉賓的排位。中國人向來重視尊卑，權力和地位愈高者，愈是佔據相片最前排、最正中的位置。1911年廣華醫院的開幕照，前排正中是港督盧吉，左右兩旁分別是撫華道蒲魯賢和倡建總理何啟，當年東華醫院主席陳啟明站在蒲魯賢的左側，整張照片的焦點是港督，而非東華的總理。其他政府官員也集中在後排中央位置，有點主次失序，同時亦反映在二十世紀初期華洋社會的鴻溝仍牢牢存在。再看1929年東華東院的開幕照片，雖然港督金文泰以及其他外籍官員仍是站在第一排中間位置，但明顯地，最正中的不再是洋人而是華人代表、東華醫院的顧問總理周壽臣。而且前排嘉賓除政府官員外，也有剛才提及的多位華人代表。

東華東院同樣是一所中、西醫兼備的醫院。秉承東華醫院的中醫傳統，東華東院既有中藥局、贈醫所、外科中

醫贈醫處，同時亦提供西醫治療。醫院有床位超過 200 張，設有割症房（即外科手術室）、叉光鏡房（即 X 光室）、西藥房等西式醫院設施。首位東華東院的院長是潘錫榮博士，尚有兩位駐院西醫區景（又名區警）和黃恩光，均為香港大學醫科畢業生，另有 3 位中醫師。

　　東華東院啟用後不久便不敷應用，需進行擴建工程。1930 年和 1932 年先後增建兩翼，同為四層高，設有男女病床 56 張、產房病床 14 張及女護士寢室一層，建築費共 50,000 餘元。

東華三院

　　當東華東院成立，東華醫院便採取直接管理，東華的總理每星期巡視東院一次，院內大小事務均由東華醫院決定。其實當東華東院籌備之時，東華總理已醞釀統一屬下醫院。

　　東華轄下三間醫院正式在 1931 年統一，所依據的是 1930 年的《東華三院修訂法例》。自 1927 年起，東華總理多次約見華民政務司，商討三院統一事宜。1929 年的《東華醫院暨東華東院報

告書》提到，賦權東華醫院的《華人醫院則例》在 1870 年訂定，年代久遠，需要更改。據估計，廣華醫院已漸成為不歸東華管轄之醫院，必須訂立新例，把三間醫院的管理權，集中於一中央團體掌管。經修訂後的東華醫院法例，列明三間醫院合併後，由一個有 18 至 30 名成員的董事局施行決策，當中 6 人要來自九龍或新九龍；1935 年再修訂，董事局成員減到 10 至 20 人，當中 3 名必須是九龍或新九龍居民。第一屆合併後的東華三院董事局主席由顏成坤（1903-2001）出任，他在 1927/1928 年度曾出任廣華醫院主席。

三院合併後另一重大改變是把顧問總理一職制度化。顧問總理始見於 1896 年鼠疫調查報告，建議東華醫院在董事局之上加入顧問，但未曾寫入法例。自 1930 年法例修訂後，顧問總理正式寫入法規。顧問總理是終身制，動輒以十年計，所以又名「永遠顧問」，他們會就東華的管理事宜上作出建議。東華三院的顧問皆是舉足輕重的人物，

如周壽臣、羅文錦(1893-1959)、羅旭龢、周埈年(1893-1971)、曹善允等。他們與政府關係良好，可充當橋樑，加強東華與政府的互相溝通。相反，港府亦可透過委任顧問，影響東華三院的決策，尤其 15 名顧問當中，只有 4 人是從上一任總理中推舉。換言之，政府可以更有效地監控東華三院的運作。

建築特色

於 1929 年底落成啟用的東華東院，屬西式建築風格，與東華醫院及廣華醫院的中式設計大相逕庭。東華東院由本港著名建築公司巴馬丹拿公司 (Palmer & Turner Co.) 設計，採用拆衷主義，建成之初只有一座長方型的主樓。由於灣仔以至港島東區人口不斷增加，不消兩、三年，東院已地方不足，需要擴建。以東院原來的設計圖則，除主樓外尚有院後四翼，呈現放射式的弧形設計，仿如一把扇。左翼兩座留醫室於 1930 年加建，分別名為「庚院」、「午院」，合稱「庚午院」。1932 年再加建右翼另外兩座樓，三層六所留醫室分別名為「廣濟」、「普濟」、「僑安」、「保安」、

「益民」和「衛民」。惟 1930 年代中，受世界性經濟蕭條的餘波影響，東華三院陷入財赤，欠缺資金完成餘下大樓。1938 年，港府成立醫務委員會，大力補助東華三院才可維持服務。1941 年，太平洋戰爭爆發，東華東院被港府徵用，到 12 月 25 日香港淪陷，日軍以東院曾作英軍醫院為由強行接收，並且改為專治性病的醫院。直至戰爭結束，港府重新接管東華東院，當年主席以東院為東華三院之一，請求軍政府發還，同年 10 月 1 日，軍政府總督夏慤中將（Vice Admiral Sir Cecil Harcourt，1892-1959） 親臨東院主持復院典禮，並象徵英國重新接管香港的民生事務。

院後四翼以迴廊連接，既獨立又相連。每翼均樓高四層。頂層的窗戶採用拱門式的設計，至於房間則裝置了木製的百頁窗，加強透光度和空氣流通。由於東華東院會接收傳染病患者，包括肺結核病人，四翼獨立設計可減低病菌傳播機會。為免傳染病患者出入經過其他病房，增加感

染風險，所以在午院騎樓外特設石屎樓梯，供肺結核病人專用。
東華東院在 2009 年被評古物諮詢委員會為二級歷史建築。

東華東院（東華三院提供）。

東華東院護士宿舍（東華三院提供）。

呈扇形的院後四翼（東華三院提供）。

弧形迴廊與頂層拱形窗戶（筆者攝）

東華東院正門今貌（筆者攝）。

馬場先難友紀念碑

1918 年 2 月 26 日，跑馬地馬場如期舉行競賽，惟馬棚不勝負荷倒塌，隨即起火，結果造成中西男女 600 多人死，逾 400 人受傷。東華醫院施棺殮葬死者。港府兩日後成立專責小組調查慘案成因，惟此舉未能釋除公眾對慘案所造成的心理障礙，在各方市民要求下，港府邀請東華醫院代為善後，建醮超渡死者，並且籌建紀念碑悼念先難友。

快活谷馬場

賽馬是英國人熱愛的運動，不少英國的海外殖民地和租界均設有馬場，香港也不例外。早在 1844 年，港府已決定在黃泥涌修建跑馬道。黃泥涌原為沼澤地帶，進行排水工程後，山坡闢為墳場，即香港墳場，是香港第一個政府墳場，因為是死人的樂土，故又名「快活谷」；至於平地則修築而為跑馬道。馬場又名「快活谷馬場」，首次賽事在 1846 年舉行。

雖然賽馬是英國人的喜好，但本地華人也為之瘋狂。

初期香港賽馬每年只舉行一次，一般在新年頭兩個月舉行，為期數天。據 1858 年的英國《倫敦新聞畫報》記載，快活谷馬場擠滿了不同種族和國籍的仕女，除英國人外，尚有美國人、法國人、馬來人、東印度人、馬來亞的印度人、水兵、海軍和華人。五湖四海的人士均熱衷於賽馬，並非因為他們希望強身健體或賽馬極具觀賞價值，而是為了賭博。雖然法例規定，只有馬會會員和部分殖民地上層人物才可到馬場參與賭博，不過沒多少人理會，就連馬棚的營運者也是為了博彩利潤才爭相投標，這解釋了為何當日興建馬棚時，引來全城不同種族的人士參與，當中包括政府人員以至維持治安的警察。

　　說回馬棚的設計，在馬場大火發生前，快活谷的馬棚十分簡陋。自 1878 年起，快活谷馬場開始搭建看台（俗稱「馬棚」）。當時的馬棚雖然由不同的投標者搭建，但建築材料均是竹、木板和草，因為馬棚只是臨時建築，當馬季完結後便拆卸。馬棚一般是兩、三層高，上兩層是看台和投注部，而底層則是廚房、餐廳，擺放了大量爐頭和煮食用具。另外，馬會規定不能在草地上搭建馬

棚，所以整個馬棚只靠幾根木方或竹桿承重。如果木方或竹桿不能深入地下，馬棚的安全便成疑問。

馬場大火

馬場大火發生於 1918 年 2 月 26 日的打吡大賽。當日入場人數估計有 4,500 人，華人佔八成，當中又以婦孺佔多數。入場觀眾為了看清楚賽事，紛紛走上看台。當第 5 場賽時快要開始時，突然傳出巨響，之後第 8 至 15 號馬棚相繼倒下，觀眾爭相走避互相踐踏。馬棚倒塌時可能打翻了底層廚房的爐灶，引起火警。加上當年香港天氣乾燥少雨，而馬棚的建築物料又是易燃的竹、木和草，於是馬棚瞬間被大火吞噬，造成逾 600 人死亡的慘劇，死者包括男女老幼以及不同國籍和種族人士。

東華醫院本着施棺代葬的傳統參與馬棚大火的善後工作。慘案發生後兩小時多（即下午五時半），政府潔淨局人員開始收撿遺體。由於死者大多燒焦或肢體殘缺不全，

難以辨認，加上人數眾多，即使出動全港各警局和醫院的仵工，仍未能即時把死者遺體送到殮房，只能就地在馬場供親友辨認屍首。來自東華醫院的譚嘉士醫生以及其他醫生在場協助。撿拾遺骸工作一直延至深夜，警方隨即發出告示，要求遇難者家屬在翌日早上七時到馬場認屍。同時，政府決定把遺體抬往附近的咖啡園墳場埋葬。遺體尚算完整者，放於棺木下葬，但更多死者被燒至骨碎肉糜，工人先用竹篩選出較大的人骨及殘肢，然後放入板箱內；至於其他零碎者，就會化為灰燼投入水中，估計有不少遇難者早已在大火中化為灰燼。鑒於大量遇難者同時下葬，棺木奇缺，東華醫院先後捐出 400 副棺木應急，更請來多位木匠到醫院連日趕工，釘製木箱，並委託福壽、同福、天壽、榮壽、仁壽五家壽板店負責。東華醫院又應華民政務司要求，協助招聘工人運送棺木。

　　咖啡園墳場是馬棚先難友的安息地，但原本這塊土地是用來種植咖啡。由澳門來港的英國商人都爹利（George Duddell，1821-1887）在香港購入大批物業。他嘗試在加路連山種植咖啡，

澳門有關馬棚大火後的謠言《香港華字日報》，一九一八年三月十三日。

●民之訛言 澳門訪函云自香港馬棚火災後此處謠言四起有謂某酒店有鬼開顧者其實有數人往此酒店令茶開筵及呼妓侑觴微席後諸人聯袂出門開遊爲侍役所弗覺旣主客忽然不見故皆驚奇見鬼之說遂出然未幾卽復返見埋尾席矣又有傳說澳地亦有兩毛拾得者甚多其色黑白黃不一有補醫生特物色數根細細考驗見此皆勤物之毛或生牛馬犬之尾者或覺是人髮父荷蘭園術有人目擊小童多發隨兩人行此兩人沿路作弄物狀不次拾得此等毛分給衆小童童自行菶取則無所得也此亦見其偽矣又有神棍者流又從而推波助瀾之種種諸言藉此漁利識者哂之而婦孺無知作奸之輩則多信焉與

但最終失敗，不過「咖啡園」一名卻從此深入民心。其後有本地居民偷偷把先人安葬在上址，到 1891 年，政府正式把咖啡園劃作華人葬地。由於咖啡園位於快活谷馬場附近，加上屍體容易腐爛，所以政府決定把馬棚大火的遇難者安葬在就近的咖啡園墳場。

善後工作

是次火災死者眾多，震驚全城，東華醫院除了即時協助處理和埋葬死難者外，更要安撫人心。慘劇發生後不時傳出鬧鬼疑雲。有跑馬地附近居民聲稱，每晚均聽到哭泣聲。詭異傳聞不限於香港，澳門亦有流傳。例如，天降黑、白、黃色的雨毛，有指這是人體或動物如牛、馬、犬隻的毛髮。另一傳聞是兩名成人在荷蘭園沿路尋覓物件，又不時執拾地上的毛髮分發予跟隨他倆的小孩，但小孩卻無法自行拾得這些毛髮。澳門傳出與馬棚大火相關的鬼故事，因為死者當中包括居於澳門的葡萄牙人。雖然以上傳

聞大多是以訛傳訛，卻反映當時香港以至澳門社會對這場慘劇的
陰霾揮之不去。

　　未幾民間有聲音要求舉行法事超渡枉死的亡魂。有盂蘭組織
擬建醮超渡死難者，華民政務司亦收到遇難者家屬建醮的請求，
於是去信東華醫院代為處理。東華醫院隨即舉行街坊會諮詢居民
意見。為免影響東華的財政，以及免除總理沿門勸捐之辛勞，值
理何棣生（即何甘棠，1866-1950）以個人名義捐錢建醮，從肇慶
鼎湖山請來高僧，從 3 月 24 至 31 日，在馬場旁邊的愉園（即現今
養和醫院的所在地）建醮七日七夜，超渡亡魂。4 月 15 日，東華
醫院邀請國內多位高僧道長，再次在愉園建壇超渡。

　　安撫人心之餘，東華醫院亦着手籌建紀念墳場。火災後四
日，東華醫院主席唐溢川請求政府撥地興建紀念墓園。雖然大部
分火災的死者葬於咖啡園，但該處並非永遠墓地，加上市民大眾
希望設置紀念建築悼念死難者，於是東華函請港府撥地興建永久
墓園。

　　為興建紀念墳場，東華醫院開展了多項工作。首先是墓園的

設計。為隆重其事,並突顯這是廣大市民籌建的公墓,東華醫院公開徵集墓園設計,最後選定了由當時任職政府工務局的何想的設計。其次是籌募經費。東華為馬棚大火已籌得若干善款,但距離 50,000 多元的建築費仍有一段距離,於是決定登報籌募餘下的 20,000 多元。所以,馬棚先難友墓園和紀念碑是完全由民間出資營建的紀念建築。其三是選址。災後一年(1919 年 4 月),東華醫院開始覓地興建墓園。中國人篤信風水,葬地或甚影響後人的發展,尤其是次慘案死難者眾多,故此東華聘請堪輿學家李耀村協助選址。其中一個選址是香港仔華人永遠墳場山邊地段,但由於該處是石山,不宜修建大量墓穴,部分死難者家屬亦不願把先人遷葬香港仔。其後東華董事局以咖啡園墳場距離馬棚大火地點不遠為由,要求政府改撥咖啡園作永久墓園,最終得到當局首肯。

作為馬棚大火的紀念墓園,東華醫院希望把所有死難者集中在咖啡園安葬,故原先被家人認領的先友需要進行

馬場先難友墳場募捐
《香港華字日報》，一九一八年三月八日。

遷葬。同時，東華撿拾早前葬於咖啡園的先友的骸骨，改以金塔盛載，於 1921 年 10 月 10 日在原地重葬。

紀念墓園在 1922 年 8 月動工興建。墓園的造價為 50,000 多元，但只籌得 38,000 餘元善款。東華董事局遂提議設計師何想修改圖則，以樸實為主，節省成本。墓園在 1922 年 10 月 19 日完成，命名為「馬棚先友墳場」。1923 年 3 月 3 日，東華醫院在新落成的墳場開壇建醮，超渡亡魂。時至今日，每逢清明時節，東華三院均會派員前往致祭。

1952 年，政府興建香港大球場，咖啡園墳場因而受到影響，山腳的墳墓需要遷移。馬棚先友墳場位於大球場的上方，未受工程影響，但墳場名稱則改稱為「馬場先難友紀念碑」。

建築特色

　　馬場先友紀念碑揉合了中西方的建築風格。中式的牌樓分為三間四柱七樓。主樓是紀念牌樓，屬傳統的四坡頂，上方以綠色琉璃瓦遮蓋，並加以陶塑作為裝飾。正中的額坊刻有「福、祿、壽」三個大字，牌樓中間的雲石墓碑，寫上「中西士女之墓」，墓碑左右兩旁列出 613 位經東華醫院核實且知悉姓名、籍貫的遇難者名單。而墓碑的外框則屬古典意大利式。碑前設置以花崗石製的長形香爐。主樓左右末端的碑文，分別詳細記載災難的始末，以及英文的題字：

IN MEMORY
OF THOSE WHO
PERISHED IN THE
RACE COURSE
FIRE ON
FEBRUARY 26th
1918

紀念在大火當天遇難的先友。主樓亦刻上壬戌年（1922/23 年）東華醫院總理所題的對聯：

　　旅夢安歸驚斷離魂餘劫燼
　　馬蹄何處嘶殘芳草臢燒痕

牌樓的左右是以花崗石造的基座，在上建有八角重檐亭，內有石檯及八張石凳。基座呈半月形，以花崗石條鋪砌而成，四周有石欄圍繞，兩旁設有三層高的化寶塔。

　　紀念碑及相關構築物在 1974、1983 和 1993 年進行定期維修保養，其中 1993 年的翻新工程，由香港賽馬會撥款資助。紀念碑雖然經歷幾翻維修，但仍保持原貌。最難得是紀念碑以外的跑馬地經歷了幾番變遷，高樓大廈、豪華住宅林立，但紀念碑四周仍可環抱草叢樹木，彷彿接近一個世紀沒多大變化。

　　馬場先難友紀念碑是本港唯一為悼念這場慘劇的紀念建築，而且是首座由市民大眾籌錢興建的公墓，2010 年獲古物諮詢委員會確認為一級歷史建築，2015 年被香港政府列為法定古蹟，是本港首座受法例保護的墳場建築。

灣仔區・馬場先難友紀念碑

紀念碑入口（東華三院提供）。

馬場先難友紀念碑的中西士女之墓（東華三院提供）

二〇一五年馬場先難友紀念碑全景（東華三院提供）。

一九二三年馬場先難友墳場揭碑時留影，從右起第九位為設計師何想（東華三院提供）。

秘境窺探：

東華人香港墳場內的

香港墳場（Colonial Cemetery）位於跑馬地黃泥涌道，是香港開埠後第一塊墓地。根據政府憲報資料，墳場建於 1845 年，內有小教堂乙座，在此長眠的主要是駐港的英軍、政府官員以及傳教士。顧名思義，香港墳場是為殖民者而設，所以又稱為「紅毛墳場」。不過，在此亦可以找到華人的墳墓，他們多數屬移居香港的第二代華人，而且家境富裕。以下將會介紹三位與東華有密切關係而且在香港墳場長眠的人物——何東、何啟和鍾本初。

何東

何東原名何啟東，字曉生，1898 年出任東華醫院主席。他父親是荷蘭商人何仕文（Charles Henry Maurice Bosman，1839-1892），母親施氏乃水上人。十九世紀，不少來港的洋人會聘請俗稱「鹹水妹」的女性水上人料理家務，當中有婦女之後更登堂入室，成為這些洋人的情婦，為情郎生兒育女。這些「涉外婚婦」（protected

women）最後大多被洋情人拋棄，但男方通常會留下一筆可觀的生活費，保障情婦及子女日後的生活。也許因為是水上人尤其是女性的關係，這些涉外婚婦注重子女的教育，儘量供書教學。何東就在這樣的背景下成長，母親既送他入讀中央書院，課餘又會請來傳統師塾老師教導中文，成就他通曉中、英文及中外文化的本領。

　　在十九世紀末，當教育尚未普及，像何東般通曉中、英文的混血兒迅速冒起，成為洋行買辦，協助公司進軍本地以至內地市場。何東 1881 年加入渣甸洋行（現稱「怡和公司」）出任華人部初級助理員，一年後獲提升為買辦，1894 年，何東升任渣甸洋行華總經理。他又積極扶植其弟何福（1863-1926）、何甘棠進入渣甸洋行，並承接其買辦的職位。憑藉多年來在商界打滾所建立的人際網絡，何東跟胞弟成立何東公司（Ho Tung & Co.），買賣食糖。除一般貿易外，何東又進軍航運及地產業。1900 年，他以健康欠佳為由，辭去渣甸買辦一職，專心發展其個人事業。1922 年海員大罷工期間，何東積極斡旋。香港淪陷時期，他逃到澳門，戰

後才回港。何東除了是本港的太平紳士，多年來亦受中、英、法、德、意等國冊封。他於 1956 年以 94 歲高齡與世長辭，與元配麥秀英同葬於香港墳場。

何東及胞弟均先後出任東華醫院要職。何東以 36 歲之齡，在 1898 年成為東華醫院主席。由於東華醫院是當時本地最富代表性及影響力的華人組織，何東能夠成為東華的主席，表示他強調的華人身分獲社會上下所接納。及後，他的兩位弟弟也相繼出任東華的要職。例如，何甘棠在 1906 年當上東華醫院主席，參與籌建廣華醫院。在馬棚大火後，何甘棠曾以個人名義，斥資邀請國內高僧來港超渡亡魂。

何啟

何啟出身於教會家庭，父親何福堂（1817-1871）是基督教倫敦傳道會牧師，他在中央書院畢業後遠赴英國留學，先後取得醫科碩士學位及法學學士學位。他在英國

期間結識了英國下議院議員 John Walkden 的女兒雅麗氏（Alice Walkden，1852-1884），其後雙雙步入教堂。他們的婚姻當時甚為哄動，皆因在十九世紀維多利亞時期的英國，種族界線分明，尤其何啟是來自被英國殖民的香港，華人男子迎娶白種英國婦女可為極之罕有。何啟在婚後帶同妻子回港生活，並且開始執業行醫，成為首位本地華人執業醫生，其後轉行做律師。他的妻子雅麗氏來港後不久便染病，並於 1884 年去世。為紀念髮妻，何啟傾盡家財，與昔日校友、來自倫敦傳道會並有熱帶醫學之父稱譽的白文信醫生（Sir Patrick Manson，1844-1922）合作，獲猶太裔富商庇理羅士（Emanual Raphael Belilios，1837-1905）資助，在現今的荷李活道 77 至 81 號興建雅麗氏醫院（全名雅麗氏何妙齡那打素醫院，又名雅麗氏利濟醫院），並於 1887 年落成啟用。

　　雅麗氏醫院附設了香港華人西醫書院。如前所述，何啟是本地首位華人執業西醫，但開業後不久，就發現鮮有華人求診，皆因他們抗拒西醫；即使有病亦只會接受中醫治療，而且華人習慣只支付藥費，不給予診金。所以何啟行醫以來生活拮据。有見及

此，他成立華人西醫書院，藉訓練華人西醫，消除本地華人對西醫的誤解，造福人羣。

香港華人西醫書院在 1907 年改名為香港西醫書院，首屆畢業生有兩位，包括國父孫中山（1866-1925）和江英華。吊詭的是，政府並不承認西醫書院畢業生的專業資格，即該校的畢業生不能在香港執業，所以孫中山之後跑到澳門的鏡湖醫院執業，江英華則遠赴馬來西亞沙巴（Sabah）東海岸的山打根（Sandakan）行醫。

香港西醫書院其後併入香港大學，成為大學的其中一個學院。而雅麗氏醫院則遷往般咸道 2 號，並且易名為那打素醫院。何啟在 1914 年去世，死後與首任妻子合葬，長眠於跑馬地香港墳場。

何啟終其一生從未出任東華醫院主席，但他曾對該院操生殺大權。1894 鼠疫後，香港政府醫官勞信醫生（Dr. Hames Alfred Lowson）呈交是次疫病的醫務報告，猛烈批評東華醫院，嚴重影響市民的健康。報告送交英國殖

何啟及元配雅麗氏之墓（筆者攝）。

民地部，引起英國國內極大迴響。次年，另一醫生艾堅信（Dr. J. M. Atkinson）亦批評東華醫院的組織及權限混亂不清。一連串的批評最後驅使當時的港督羅便臣在 1896 年 2 月 5 日成立調查委員會，對東華醫院展開全面調查。何啟正是該調查委員會 5 名成員之一，亦是唯一的華人。委員會其餘 4 人是輔政司兼華民政務司駱克、署理庫務司譚臣（Alexander M. Thompson，1863-1924）、定例局議員遮打爵士（Sir Catchick Paul Chater，1846-1926）和威歇（T. H. Whitehead，1851-1933）。相比遮打和威歇的批評，何啟、駱克和譚臣對東華醫院的意見較溫和，他們認同東華醫院對華人所作出的醫療貢獻，但其服務職責、建築佈局以及衞生情況則需大加改善。

東華醫院經過鼠疫後，仍可倖存運作至今，雖然不可以說是何啟的功勞，但當時整個調查委員會只有他一個是華人，其他都是洋人，加上調查員只訪問西醫，而西醫早就對中醫存有偏見，何啟、駱克以及譚臣的報告在多個關

鍵問題上避重就輕，使東華醫院安然逃過殺院危機。

　　何啟與東華的另一次結緣是成為廣華醫院的倡建總理。1906年，政府有意在九龍半島興建醫院，於是積極推動東華醫院在九龍建分院，又委任 18 人做倡建總理，而其中一位正是何啟。雖然港督盧吉沒有設定新的醫院是中醫院還是西醫院，但觀乎他任命何啟為倡建總理，除看重他的西醫背景，以及他曾是 1896 年鼠疫調查報告的成員，熟悉東華醫院的運作，更重要是港府希望借助他的影響力建設一間華人的西醫院。不過廣華醫院由東華醫院董事局管理，所以東華合法地以中醫慈善醫院方式營運廣華醫院。

鍾本初

　　東華醫院成立之初以中醫治病，但 1894 年的鼠疫令東華面臨前所未有的危機。事緣政府醫官質疑東華醫院的中醫治療未能阻止疫症蔓延，繼而引伸至東華醫院的存在價值。港督羅便臣於 1896 年成立調查委員會檢視東華醫院的工作，雖然報告肯定東華醫院的中醫治療工作，但需引入西醫，於是規定醫院要聘用一名華裔西醫駐院及接受外科醫官每日巡視，以彌補該院對現代醫學認識的不足。

　　首位獲政府聘任的東華駐院西醫是鍾本初。他在香港華人西醫書院習醫，之後到天津西醫學堂留學，畢業後回港在雅麗氏利濟醫院工作，後升為外科主任。1896 年他擔任東華醫院第一位掌院，雅麗氏利濟醫院的譚臣醫生（Dr. J. C. Thomson）則負責巡院。雖然引入了西醫，但要到三年後東華醫院才正式提供外科手術服務。按 1897 年的薪金觀之，東華醫院的駐院外科醫生月薪 150 元，不能私人執業，但管事的月薪則只有 15 元，遠比醫師月薪

28 元少。在他及其他院內全人努力下，東華漸漸發展為中西醫兼備的醫院。

　　鍾本初在東華醫院服務了六年便因病辭職。唯辭職後他的病情未見好轉，反而急轉直下，終於在 1902 年 11 月 24 日離世，死時只有 35 歲，葬於跑馬地香港墳場，墓碑仿如心形的盾牌，平放在草地上，碑上以英文刻有鍾氏的名字和生卒日期。時至今日，東華三院每年清明節仍會派員致祭。

鳴謝

鳴謝

　　這本小書得以順利完成，實有賴以下各人之協助，在此敬致謝忱。首先是東華三院檔案及歷史文化辦公室，多謝他們為筆者解答諸多問題，以及協助尋找資料及圖片。另外，多謝東華三院文物館義工黎傑長先生，在筆者茫無頭緒之際，他為筆者提供了確切的方向。感謝馮敏愉和樊敏同學幫忙找尋相關的政府檔案及報章資料。特別鳴謝丁新豹博士為這本小書賜序，高添強先生、劉國偉先生以及祺力高先生（Mr. Nicholas Kitto）惠借相片，豐富了本書的內容。最後，書中如有錯漏，皆為筆者之責任。

參考書目

檔案

《古物諮詢委員會備忘錄：宣佈三處歷史建築為古蹟》附件 E，委員
　　會文件編號：AAB/7/2015-16，日期：2015 年 6 月 4 日。

《東華醫院徵信錄》

《東華醫院暨東華東院己巳年報告書》1929

《東華醫院、廣華醫院、東華東院三院統一院務報告書》1932-1935

《廣華醫院入院總冊》1917

Chadwick, Osbert. *Report on the Sanitary Condition of Hong
　　Kong*. London: Colonial Office, 1882.

Hong Kong Administrative Reports, 1879-1939.

Hong Kong Blue Book, 1871-1940.

Hong Kong Government Gazette, 1942-1941.

Rules and Regulations of the Tung Wah Hospitals. Hong Kong:
　　The Tung Wah Hospitals, 1957.

Sessional Papers, 1884-1940.

報刊

《香港華字日報》

《香港工商日報》

《循環日報》

專著

丁新豹:《善與人同:與香港同步成長的東華三院,1870-1997》,香港:三聯書店(香港)有限公司,2010。

丁新豹、盧淑櫻:《非我族裔:戰前香港的外籍族群》,香港:三聯書店(香港)有限公司,2014。

危丁明:〈《華人廟宇條例》與香港廟宇管理〉,載游子安、卜永堅主編:《問俗觀風——香港及華南歷史與文化》,香港,華南研究會,2009,頁157-173。

何佩然編著:《源與流:東華醫院的創立與演進》,香港:三聯書店(香港)有限公司,2009。

冼玉儀、劉潤和主編:《益善行道:東華三院135周年紀念專題文集》,香港:三聯書店(香港)有限公司,2006。

《東華三院百年史略》，香港：香港東華三院庚戌年董事局，1970。

《東華三院發展史》，香港：東華三院庚子年董事局，1961。

東華三院檔案及歷史文化辦公室：《源與流的東華故事》，香港：東華三院檔案及歷史文化辦公室，2014。

南北行公所：《南北行公所一百週年紀念刊》，香港：南北行公所，2009。

馬冠堯：《香港工程考 II: 三十一條以工程師命名的街道》，香港：三聯書店（香港）有限公司，2014。

《馬棚遇火紀事》，香港：出版社缺，1918。

高添強：《東華三院文武廟：建成一百七十周年紀念史略；對聯牌匾圖錄》，香港：東華三院社會服務科，2018。

高添強：《馬場先難友紀念碑》，香港：東華三院檔案及歷史文化辦公室，2016。

張曉輝：《香港華商史》，香港：明報出版社有限公司，1998。

梁炳華：《香港中西區地方掌故》，香港：中西區區議會，2005。

陳煥溪：《潮人在香港》，香港：潮汕歷史文化研究中心，2006。

黃棣材：《圖說香港歷史建築（1920-1945）》，香港：中華書局（香港）有限公司，2015。

葉漢明：《東華義莊與寰球慈善網絡：檔案文獻資料的印證與啟示》，香港：三聯書店（香港）有限公司，2009。

《廣華醫院小品集》，香港，東華三院檔案及歷史文化辦公
室，2014。

鄭宏泰、黃紹倫：《商城記——香港家族企業縱橫談》，香
港：中華書局（香港）有限公司，2014。

Benedict, Carol. *Bubonic Plague in Nineteenth-Century China*, Stanford, Calif.: Stanford University Press, 1996.

Choa, G.H. *The Life and Times of Sir Kai Ho Kai*. 2nd ed. Hong Kong: The Chinese University Press, 2000.

Holdsworth, May, and Christopher Munn. *Dictionary of Hong Kong Biography*. Hong Kong: Hong Kong University Press, 2012.

Lim, Patricia. *Forgotten Souls: A Social History of the Hong Kong Cemetery*. Hong Kong: Hong Kong University Press, 2011.

Sinn, Elizabeth. *Power of Charity: A Chinese Merchant Elite in Colonial Hong Kong*. Hong Kong: Hong Kong University Press, 2003.

論文

蔡志祥：〈親屬關係與商業：潮汕家族企業中的父系親屬和姻親〉，
《韓山師範學報》，30 卷 2 期（2009 年 4 月），頁 15-25。

Lau Tsui Shuen. "Caring the Remains and Souls: Death Arrangement by the Tung Wah Hospitals on Hong Kong Island, 1870s to 1930s." MPhil Thesis, The Chinese University of Hong Kong, 2013.

Smith, Carl. "The Emergence of a Chinese Elite in Hong Kong." *Journal of Asiatic Society Hong Kong Branch*, Vol. 11(1971): 74-115.

Tsai Jung-fang. "Comprador Ideologists in Modern China: Ho Kai (He Qi, 1859-1914) and Hu Li-Yuan (1847-1916)." PhD Thesis, University of California at Los Angeles, 1975.

互聯網資料

張朝敦:〈上環文武廟現址 1837 年獲政府批地是為了建華
　　　人學校〉,載於香港獨立媒體網,2016 年 3 月 29
　　　日,瀏覽日期:2018 年 1 月 18 日。
〈灣仔藍屋前身既係華佗醫院　仲有黃飛鴻徒弟開武
　　　館?〉,《香港 01》,2017 年 3 月 29 日,瀏覽日
　　　期:2018 年 1 月 28 日。